あの**時**こうしなければ……

本当に危ない

闇バイトの話

監修

廣末 登
芳賀 恒人

JN198798

金の星社

社会の平穏を乱す組織に、暴力団や半グレ集団といった反社会的勢力がある。人々に危害と恐怖感をあたえる組織のため、多くの人は近づこうとせず、意図せず近づいてしまった場合でも、回避することを考えるだろう。

ところが昨今、未成年者が事件に巻きこまれる事例が増えている。それも被害者ではなく、犯行グループの一員としてである。いわゆる「闇バイト」に手をだした若者である。

なぜアルバイトに「闇」という文字がつくのだろうか？ それは、犯行を企てる組織の実態が見えないからだ。反社会的勢力が関わっていた例もあるが、そうでない場合もあり、被害者も、

警察も、さらには犯行に加担した人でさえも、組織の所在がわからないのだ。

本書ではこの組織を「闇組織」と呼ぶ。そして、闇組織を雇用主とするアルバイトを「闇バイト」と位置づけた。

組織の実態が見えなければ、闇バイトや、事件に巻きこまれることを回避するのは難しいのではないか？　その疑問はもっともである。闇バイトにはさまざまな罠が仕かけられており、意識しなければ簡単に引っかかってしまう可能性があるからだ。しかし、さまざまな事例を知ることで、罠に気づく力を養うことはできる。

本書は、過去に闇バイトが関わった実際の事件をもとにして、闇組織の実態や手口を紹介している。さらに、闇バイトに手をださないようにするための方法や、犯罪行為に巻きこまれそうになったときの相談先も案内しているので、道を踏み外さないようにするためにも、じっくり読んでほしい。

特殊詐欺に関わる闇バイト

2 違法売買に関わる闇バイト

3 自ら相手を陥れる闇バイト

4 知らなかったではすまされない闇バイト

本書を読む前に

本書で取りあげているマンガは、
実際にあった事件を参考にした
フィクションです。
マンガだけを読むのではなく、
必ず解説文を読んでください。
それが闇バイトによる被害を防ぎ、
それに加担してしまう人を
生まないことにもつながります。

- 本書に登場する人物や組織・団体名、建物の名称などは架空のものです。実在するものとは関係ありません。
- 本書では、犯行グループを「闇組織」、それに関わるアルバイトを「闇バイト」と表現しています。
- 闇バイトによる犯罪については、年少者（18歳未満）の場合、主に家庭裁判所で扱われます。事件の内容などにより、審議の内容が異なるため、本書では犯罪の一例として解説しています。
- スマートフォンやパソコンの機能に関する解説は、一般的なものとして掲載しています。詳細がわからない場合は、携帯電話会社やパソコンメーカーにご確認ください。
- 本書の内容は、2024年7月現在の情報によるものです。

1

特殊詐欺に関わる闇バイト

14

っしゃ！
2万円
ゲット!!

うん
最近やっと
レジ打ちにも
慣れたよ

この
あと
バイト
だっけ？

すごーい
がんばってるね

ICカードも
指示された人に
手渡した

20代後半で
まじめそうな
人だった……

妙な一日だった
ライドさんと
会ってから
3時間ほどで
バイトが終わった

こんなに楽して
2万円もかせげる
なんて……

ただいま
部屋で
勉強するねぇ

ガチャ

ライドさんには
ゲームのときに
チャットで
伝えればいい

もし何かあっても
関係を切ろうと思えば
いつだって切れる
連絡先も知られて
いないし……

でも
大丈夫か
なぁ……

やっぱり
バイトはもう
この1回きりに
しておこう

16

闇バイトから身を守る ターニングポイント

見ず知らずの人との
やりとりは慎重にする
SNSの発信も気をつける

不用意にオンラインで
お金に困っていることを
発信してしまった

CHECK POINT

ライドさんははじめてできたゲーム友だちだった……

ショウさんはバイトしてないんだっけ？

うちの高校バイトは禁止なんだよ

えーでももうこづかいないし課金できないよ

闇はオンタイム・オンラインでターゲットを探している

インターネットを利用したコミュニケーションアプリは、うまく使えばとても便利。さまざまなアプリから自分に合ったものを選べるようになったが、その分トラブルも増えている。たとえば、ボイスチャットは感情が表に出やすいことから避ける人もいる。

マンガのショウは、以前はオンラインゲームの仲間とグループチャットをしていたが、たびたびもめごとがあり、今ではライドとだけ個別でのチャットをしていた。そんな変化が闇へ足を踏み入れるきっかけとなった。第三者がいない閉ざされた場所でのやりとりでは、プライバシーに関わることを発信しやすくなる。闇組織との接触はインターネット上が多いので、たとえゲーム友だちであっても、十分に注意が必要だ。

闇組織の狙いと手口

注意 1
異常な金額設定

注意 2
緊急性の高いあおり

注意 3
手軽さのアピール

注意 4
直接のやりとり

募集広告の例

全国どこでも対応します!!

1回2万円以上！

リスク管理を徹底しているので
危険なことはございません!!

急募につき報酬増加中！

本日からバイト可能

関東、関西圏はとくに強化中!!

興味のある方は DM ください!!

マンガのように、ゲーム仲間が闇組織の人間というのはまれなケースで、多くは不特定多数の人に闇バイトへの勧誘を行っている。

その主なものがSNSやコミュニティサイトでの広告配信だ。手法としては、まず高額な報酬の提示で目を留めさせる。そして緊急性や限定性の高い言葉で行動をうながし、手軽さも打ちだして心理的なハードルを下げる。

「若者があらゆることをインターネット上ですます」という特性を巧みに利用するのだ。

ダイレクトメール（DM）を送ると、相手の思うつぼ。アプローチしてくる相手は、リクルーターと呼ばれる。フレンドリーに接することで安心させ、最初は簡単な仕事を担当させるのが一般的な手口だ。この時点では、リクルーターの背後にある組織は見えない。

闇組織の実態を暴く！

■ 組織編成

リーダー
（統括役）など

暴力団・
半グレ集団
など

リクルーター

実行役を募集する人。アプローチした相手には、ていねいな言葉づかいで接し、個人情報を巧みに入手する。面接官や指示役を兼ねている場合もある。

指示役　リクルーター　かけ子（実行役）

アプリで指示　SNSでつながる　アポ電など

実行役

受け子、出し子、運び屋、強盗など
闇バイト（使い捨て要員）

犯行　→　被害者

学校の係活動などに役割分担があるように、闇組織にも役割分担がある。ここでいう闇組織は、暴力団、半グレ集団、外国人闇組織、非行少年グループ、元犯罪者ネットワークなどを指し、規模はさまざまだ。リクルーターの誘導で闇バイトをしてしまうと、あっという間にこの組織の一員になる。簡単にぬけることはできず、極端な話、闇バイトを辞められるのは、警察に捕まったときである。また、実行役が闇組織と直接やりとりすることはない。リクルーターや指示役からの連絡を待つだけの関係なのだ。したがって、実行役が逮捕されたとしても、警察が闇組織を摘発するのは難しい。つまり、実行役は組織の使い捨て要員。組織の一員になるメリットは何もないことを、よく理解しておいてほしい。

どんな犯罪？ 受け子の場合

詐欺罪　10年以下の懲役

特殊詐欺の闇バイトで多いのが「受け子」だ。犯罪により手に入れたものを受け取ったり、届けたりするだけの役割だが、紛れもない詐欺行為だ。未成年者の場合は、知識や考えの不足、判断能力が不十分ということも考慮されるが、少年院送致などの決定がくだされることもある。家庭裁判所で調査または審判がくだされ、未遂の場合でも少年審判の対象となる。

受け子以外も同様に罪に問われる

かけ子

被害者に電話をかけてだます役割。詐欺罪は相手をあざむく意思がなければ成立しないことがあるが、直接、被害者をだましているかけ子は、詐欺罪として揺るぎない審判がくだされる。かけ子は摘発を避けるために活動拠点を移動する特性がある。そのため、未成年者が闇バイトでこの役割を担うことは少ない。

出し子

だまし取ったお金を金融機関のATMから引きだす役割。受け子やかけ子と違って、窃盗罪（刑法第235条）に問われることが多い。実刑判決がくだれば10年以下の懲役、または50万円以下の罰金が科される。14歳以上で罪を犯した者は「犯罪少年」に分類され、家庭裁判所で調査または審判がくだされる。

接触しないことが第一！ ネットの危険ワードに反応しない

スマホには意図せず、大量の情報が送られてくることがある。そうして届くスパムメールやダイレクトメールで、闇バイトへ誘導されるケースもある。対策としては、闇組織からのアプローチに反応しないことが一番だ。メールではフィルター機能を利用し、SNSでは特定の人だけとダイレクトメールができる設定にしておく。これだけでも闇組織と関わる機会を減らすことができる。自動的に表示される広告（ポップアップ広告）をブロックする機能もある。

ただ、闇組織はわずかでもすきがあると入りこんでくる。求人募集のメールや広告を目にしても、「裏バイト」「高額」「即日現金」というような文言があったら無視すること。闇の世界には足を一歩も踏み入れないことが重要だ。

！)) 闇バイトアラート発動！

アラート ① 見覚えのないメールは開封しない

受信者の意向を無視して一方的に送られてくるメールを「スパムメール」「迷惑メール」という。わかりにくいアドレスを設定してスパムメールを予防する方法があったが、AI技術の発達によって通用しなくなった。今ではメールを開封すると、実在するメールだと察知できるようなシステムまで構築されている。覚えのないところからのメールは開封せずに削除することが望ましい。

● スパムメールの例

運び バイト募集!!
即日対応OK！
1日3〜5万円の報酬です!!
1回限りでも大丈夫！
謝礼は受け渡し確認後、
即支払いです。
未経験者も大歓迎!!
学生や女性、主婦の方も
活躍中です!!!
興味のある方は、下記へ
メッセージを送ってください。
ID:123○×△
Http://＊＊＊＊＊＊＊＊＊＊
＊＊＊＊＊＊＊

メールを開封させることが第一の目的。「○○ご契約者様」などと関係ありそうな件名で送られてくることもある。実在の運送会社やショッピングサイト名で送られてくるものが多い。もし開いてしまっても、添付ファイルやリンク先を開かないこと。

アラート ② 危険ワードに敏感になる

広告でもメールでも、印象に残るキーワードを効果的に使用している。「裏バイト」といかにもあやしい文言の場合もあるが、「副業」「人気」「簡単」「今だけ」など、闇バイト以外でも使うような文言が多い。また、受け子の仕事を「配送」「デリバリー」という言葉に置きかえていることもある。闇バイトの募集が、健全な求人サイトに掲載された例もあるので注意しよう。

裏バイト	高額
即日現金	副業
簡単	○○だけ

アラート ③ 得体の知れない人とは関わらない

ハガキや手紙のダイレクトメールは開封率が高く、広告手段として重んじられてきた。これが現在は、スマホなどのメールやSNSでのメッセージに置きかわっている。闇組織はこうした社会の変化を巧みに利用する。スマホであれば迷惑メールの受信を自動で拒否する設定にし、SNSであれば受信をブロックする設定にしておくとよい。

○○をブロックしますか？
ブロック

● ブロック機能の例

SNSの種類によって違うが、認証アカウントのみのメッセージを許可する設定にしておくと安心。また広告を非表示にする設定やアプリもある。これで完全にシャットアウトできるわけではないことも覚えておこう。

夏休みも終わりが
近づいていた
あれから4回ほど
受け子をした

ライドさん
からの
メッセージだ

ブブ

罪悪感が
どんどん薄れて
いく……
うす

あの日から
ゲームも
しなくなった

もう5回目?
この仕事にも
慣れてきたでしょ?

はい、1回2万円は
でかいです

少し前には訪問のバイトの
ほうもん
依頼もあった
いらい

だよね
次の土曜の夜に
もっと高額のバイトが
あるけどやらない?
-ライド-

さすがに夜は
まずいです
親の目があるので
-ショウ-

それは、スーツを着て
銀行員を装い
高齢者（こうれいしゃ）の家を訪問して

キャッシュカードを
受け取るという内容の
バイトだったが

銀行員としては
若く見えすぎる
とのことで
その依頼は実行前に
取り消された

親には夏休みの最後に
友だちと遊ぶっていえば？
そこまで遅い時間には
ならないから
-ライド-

わかりました
どんなバイトですか？
-ショウ-

チームでの
バイト……？

詳細は当日に説明するよ
チームでやってもらう
バイトだ
一人ひとりに役割があるから
20時に新港公園駅北口の
スキャムバーガーに集合
遅れないでね
-ライド-

あそこにいる
ふたりが
今日のバイトの
仲間だから

ショウも
なんか
食べとく？

いえ、いいです
おなかは
すいてないんで

土曜日

キャムBURGER

それと
ほかのふたりには
自分のことを
話さないでね
聞くのもナシ

手前が1号
奥のヤツが2号
そしてショウは
3号と呼ぶから

みんなここで
この服に
着がえてくれ

あと全員分の
イヤホンマイクも
あるからな

目的地は
フロード
レストランだ

三ツ星
レストラン
ですよね？

テレビに
出てたな

ゴソ
ゴソ

そう、かなりもうかっているようでね

閉店後に店のオーナーから1週間分の売上を奪うのが仕事だ

!!

3号は2号から金を受け取って指定の場所に行く3号と合流する道順はそこの地図に示している

いいか、1号が金属バットでオーナーをなぐる2号は金を持って指定の場所まで逃げて

今までの受け子のバイトも人から奪った金だぜ

やらないなら車を降りてもいいただ強盗犯としておまえをネットでさらすけどね

は、話が違います！

これって強盗じゃないですか!?

……？……

す……すみません

ライドさんはこんなときでも表情をいっさい変えないその落ち着きが、怖い

あっ
オーナーって
あのじいさん
じゃないか!?

3号!
合流場所まで
移動して!!

はっ
はい!

スマホが
通話中だから
誰か
時間を見て!

10時15分
もうすぐ
オーナーが店を
出てくる
時間です

2号!
1号の代わりに
おまえがたたけ!
金は倍にする!!

無理だ……
お、オレには
できない……

ティロリ♪

ガワンッ

カララ…

チッ!!

ブルル
ブルル

個人情報は 把握して いるんだ

今さら 何いってる んだ!?

えっ!? バイトを やめたい……?

捕まれば 学校にはもう 行けない…… かも しれない……

親は会社を クビになる

警察に 通報するぞ 自業自得だ

ピンポーン

もう、 もとの人生に 戻ることは できない

オレの人生は もう 終わりだ……

ピンポーン

ピンポーン

……
夢かあ

朝、オレはインターホンの音で目が覚めた

親は仕事に行っていた

玄関を開けると

数人の刑事が立っていた

頭が真っ白になり

夢なのか現実なのか

そこから先のことはよく覚えていない

ブロロロ…

パトカーの窓から楽しげにしている高校生が見えた

この事件で実行犯は全員逮捕された

しかしライドは捕まっていない

闇組織も判明していない

闇バイトから身を守るターニングポイント

TURNING POINT

危険を感じた時点で
アプリでのやりとりを中止し
大人に相談して対応する

指定されたアプリで
やりとりを続けて
誰にも相談しなかった

PLAY BACK

悪感がどんどん薄れていく……

あの日からゲームもしなくなった

CHECK POINT

ライドさんからのメッセージだ

もう5回目？
この仕事にも
慣れてきたでしょ？

はい、1回2万円は
でかいです

だよね
次の土曜の夜に

誰にも知られないところで
闇の奥へと誘導されていく

　闇の世界からは簡単にはぬけだせない。

　仕事を続けることで罪の意識が薄れていくということもあるが、最も大きな原因は、脅迫されていること。マンガのショウは1回きりのつもりだったが、豹変したライドにおどされる。これは闇組織がよく使う手口のひとつで、従うしかない状況をつくりあげるのだ。

　こうなると、誰かの助けがなければぬけだせない。しかし、闇組織は、情報がもれにくく連絡の履歴が残らないコミュニケーションアプリを使うので、本人が動かないかぎり、助けてもらうことはできない。これは、さまざまな闇バイトに共通したものだ。実行犯が逮捕されても組織は特定されない。指定されたアプリをダウンロードした時点で、運命が決まってしまうのだ。

闇組織の狙いと手口

犯行にいたるまでの流れ

❶ 秘匿性の高いコミュニケーションアプリに誘導

| 目的❶ | 外部の監視を避ける。 |
| 目的❷ | 組織の人間の身元を伏せる。 |

> セキュリティ対策の
> ためだよね

❷ 応募の手続きで個人情報を求める

| 目的❶ | 口止めのための脅迫材料にする。 |
| 目的❷ | 組織からぬけだせなくする。 |

> 手続きには
> 必要だよね

❸ 具体的な内容のやりとりをする

| 目的❶ | 証拠を残さずに指示をする。 |
| 目的❷ | 新しい仕事をさせる。 |

> 怖いけど
> 逆らえない

闇組織の人間は、自分のリスクを小さくし、実行犯にそれを負わせようとする。そのために、秘匿性の高いコミュニケーションアプリを使用し、第三者の目が届かず、自分たちの正体もわからないようにするのだ。

セキュリティ対策が施されたアプリは、もともとは企業などで機密事項を外部にもらさないためのツールとして利用されていたものである。闇組織は、目的のためなら、先端技術を悪用することもいとわない。

また、闇組織は個人情報をつかむことで、実行犯が第三者に頼れない状況をつくる。一度でも犯罪に手を貸したなら、誰もがそれをバラされるのは怖い。さらに闇組織は反社会的勢力の可能性もあるため、家族にも危害がおよぶのではないかと、より恐怖感が高まるのだ。

個人情報をつかまれると後戻りできない気持ちになる

闇組織の実態を暴く!

■ コミュニケーションアプリの悪用事例

チャットと通話

メッセージは暗号化されるので、第三者が見ることはできない。グループでのやりとりも可能。電話と同じように通話もできる。管理者しか発言できないものもある。メッセージや通話の履歴は自動で削除される。スクリーンショットも撮れないので、記録を残すには、ほかのカメラで撮影するしかない。

ネット閲覧

匿名性を確保しながらWebサイトを閲覧できるアプリもある。「ダークウェブ」と呼ばれるサイトでは、通常、検索できないサイトにアクセスできる。ダークウェブには犯罪の取引や、違法性の高い情報が掲載されている。薬物取引、違法物品の売買などに使われることが多い。

クラウド通話

クラウド通話では、インターネット上のシステムと専用アプリを利用して、携帯電話でも固定電話の番号で通話ができる。たとえばビジネスの場で、自身の携帯電話で会社の電話番号による発信、着信ができる。詐欺の電話で使われることもある。被害者は固定電話の番号なので不信感を抱きにくい。

回数限定のメールアドレス

1回しか使えないメールアドレス（通称「捨てアド」）を、いくつでも簡単に作成できるアプリがある。個人は特定されず、犯罪に必要な回数だけ使う。たとえば、闇バイトの応募者が最初にアクセスするアドレスとして使用。ほかのコミュニケーションアプリに移行させるまでの連絡手段となる。

秘匿性の高いアプリは、本来、ビジネスや政治などの機密事項を守るために活用されていた。アプリ自体は非常にすぐれていて違法性のないものが多い。しかし、違法行為に利用されることが増え、サービスを終了せざるを得なくなるものもある。なお、闇バイトに限らず、秘匿性の高い連絡ツールはトラブルを起こしたり、巻きこまれたりする原因になるので、安易に利用しないように気をつけよう。ほかのアプリにおいても必ず保護者の同意を得て利用すること。

どんな犯罪？ 強盗の場合

窃盗罪

10年以下の懲役、または50万円以下の罰金

刑法第235条で「他人の占有する財物を窃取した者は、窃盗の罪」と定められている。14歳以上で罪を犯した少年は「犯罪少年」に分類され、罰則は非行歴、犯罪の内容などから家庭裁判所で調査または審判がくだされる。

強盗罪

5〜20年以下の懲役

刑法第236条で「暴行または脅迫を用いて他人の財物を強取した者は、強盗の罪」と定められている。罰金刑はなく、すべて懲役刑となる。窃盗という非行事実から、家庭裁判所で調査または審判の結果、少年院送致などの決定がくだされることになる。

複数の罪に問われることもある！

犯行の内容によって、科せられる罪が複数になることも。相手を脅迫した場合などは、恐喝罪（刑法第249条）を問われる可能性もある。

指示されて動いただけなのに……

犯罪がエスカレートする前に闇組織との関係を断つ

闇組織と接触した人の多くが、ぬけだす勇気を持てない。犯罪はエスカレートしていき、どんどん闇の奥へ進むことになる。だから、巻きこまれる前にそれぞれのリスクを知っておいてほしい。

まず、誰かに相談して闇組織からぬけようとしたらどうなるか。「闇組織から暴力や脅迫を受ける」「家族が巻きこまれる」「ネットで学校や近所にバラされる」というリスクがあげられる。では、闇組織の一員であり続けるとどうなるか。「犯罪をし続ける」「いつ逮捕されるかとおびえ続ける」「闇組織から圧力を受け続ける」ことになる。このようにふたつの仮定で比べることを「リスク評価」と呼び、企業や団体が反社会的勢力との関係を断つのに役立てられている。当然、ぬけだすほうがよい。

!)) 闇バイトアラート発動!

アラート ① リスク評価をする

闇バイトに手を染めてしまっても、もとの生活に戻れないわけではない。ただ、そのまま続けていれば深みにはまり、多くの被害者を生みだすだけでなく、自身の人生も取り戻せなくなる。闇バイトからぬけだすリスクは、続けるリスクより小さい。ただし、これは大人や専門機関の助けがあることが前提になる。自身や家族の安全を確保する対策が必要なのだ。

● 闇バイトを続けるリスク

犯罪をし続ける(被害者が出る)

犯罪がエスカレートする

闇組織から圧力を受け続ける

逮捕されることにおびえ続ける

日常生活を送れなくなる

アラート ② 大人に相談する

リスク評価をすれば、誰かに相談しやすくなる。まず家の人、学校の先生など、身近な人に打ち明けよう。もし相談しにくいなら地方公共団体の相談機関に連絡してみるのもよい。電話やメールなどで、気軽に相談することができる。また友だちに打ち明け、その友だちから大人に報告してもらう方法もある。

● 相談先

相談機関の連絡先をP.156に掲載しています。

保護者や学校の先生

自治体の相談機関

アラート ③ 弁護士や警察に助けを求める

弁護士や警察を頼ったときにどのような対応をしてくれるかを知っておこう。弁護士は法律に照らし合わせてリスク評価をしてくれる。警察は闇組織からの攻撃を防御する方法を教えてくれるだろう。

保護観察処分について

裁判所で審議されたのち、少年院や刑務所などに送致されることもあれば、保護観察処分になることもある。これは社会生活を行いながら「保護司」と呼ばれる人と定期的に面会し、指導を受けながら更生していくこと。罪を償いながら本来の生活を取り戻していく。

巧妙な手口に乗せられて
警戒心を失った者たち

「1回だけなら」「危険になったらやめよう」という安易な考えは、
闇に入ると通用しなくなる。

CASE 1
SNSの投稿に闇組織が反応

「お金に困っている」という内容の書きこみに、闇組織からアプローチがあった事例が多い。出会い系の書きこみに対して「荷物を受け取るだけの仕事をしないか?」といったアプローチがあった例もある。SNSで自分の弱みを見せるような発信をするのは、自ら闇バイトに応募しているようなもの。SNSでの投稿内容から、個人情報を握られている可能性もある。

CASE 2
SNSで副業募集に闇からスカウト

SNSで副業募集の専用アカウントを開設した人に、闇組織から仕事紹介のダイレクトメールがきた事例がある。これは闇バイトへのスカウトメールである。仕事の仲介業者を装っているケースもある。反応してしまうと、秘匿性の高いコミュニケーションアプリをダウンロードさせられるのが、よくあるパターンだ。また、個人情報のぬき取りを目的にしている場合もある。

CASE 3
SNSで知り合った人からの紹介

お金や仕事の相談をしたところ、健全な仕事先ということで紹介されたのが、闇組織だったというのはよくあるパターン。また、交友相手として女性を紹介したのち、闇バイトへ誘導するというやり口もある。闇組織は、親しげに近づいてくるのが特徴。実生活で交友関係が充実していない人は、そのやさしさに「助けられた」と思い、つい心を許してしまうのだ。

CASE 4
友人や知人からの勧誘

直接、闇バイトを紹介されるケースもあれば、一緒に闇バイトをすることを誘われるケースもある。また、先輩・後輩の上下関係を利用され、闇バイトをするよう脅迫された人もいる。その先輩もまた誰かに強制されていたのかもしれない。気心の知れた間柄であっても、その人が闇組織と関係を持ったら、人柄が豹変することがある。自分が助かるために仲間を巻きこむのだ。

2

違法売買に関わる闇バイト

おさななじみの
ヒロトは

勉強も運動も
常に成績上位で

友だちも多くて
家は金持ちだ

オレも同じに
なりたかった……

なあ
ケンタ

どこで
手に入れたか
興味ないか？

ヒロト！
おまえ
なんだよ
それ……!?

だから
大麻
だって

SNSで
簡単に
買えたんだぜ

声デケーって

ッ……!

44

今日18時　西南公園駐車場
6000/g

2g以上で

また
ワンジー？

それから
1か月後

気づけば
あのアプリを
使って何度も
注文していた

じゃあ……
今日の分
タダでいいよ

えっ？

あっ

すみません
お金なくて……

……

その代わり
おつかい頼めない？
仕事手伝ってよ

場所を伝えるから
そこにシナモノを
届けてほしいん
だけど……

手を組もうよ
注文はオレが
管理するから

もし
草があまったら
タダでやるよ

やりとりがすべて
匿名アプリだったので
売人の情報は
何もない

売人の名前も連絡先も
わからないのでは
どうにもできないと
捜査が進むことは
なかった

こんなとき……

7時10分
容疑者逮捕

草があれば
何もかも
忘れられるのに

クサ……!?

少年院に入ったら
もう吸えないじゃ
ないか……

中毒症状が

出てるんだね

友だちと
一緒だ

闇バイトから身を守る ターニングポイント

違法薬物に関わる

友人の未来を考えて

大人に報告・相談をする

興味と対抗意識で行動し

危険性や違法性を

軽く見てしまった

薬物に依存してしまうと
自己制御（せいぎょ）がきかなくなる

　闇（やみ）バイトもそうだが、違法薬物（ほう）に近づいてはいけない。違法薬物の恐ろしさは、体をむしばむだけではない。依存（いぞん）すれば精神も生活も崩壊（ほうかい）させてしまう。「大麻（たいま）はほかの薬物ほど危険ではない」「海外では合法の地域もある」という情報を、判断能力が成熟（じゅく）していない未成年者に流している者の背後には、闇組織（やみそしき）があることを覚えておいてほしい。大麻（ま）に手をだした理由の多くは〝興味本位（たいい）〟である。それがどんなに人生をくるわせるかは、マンガのケンタを見ればわかるはずだ。

　薬物依存（いぞん）によって、ケンタは薬物の売人（ばいにん）となった。この時点でケンタは正常な判断能力を有していなかった。SNSでの不用意な発信が、悲劇の始まりだったのだ。

闇組織の狙いと手口

違法薬物に依存させて闇バイトからはなれられなくする

- 若年層の好奇心を利用して大麻をすすめる。
- 薬物が得られることを対価に勧誘して闇バイトをさせる。
- 違法行為がバレて逮捕されそうになると、姿をくらます。

あわれな末路を迎える

犯罪者	薬物依存	就職不安	収入なし

違法薬物ビジネスは、反社会的勢力が資金を得るための活動である。組織の下層にいる者が薬物を売買し、組織に上納するのが基本だ。現在では、その構図にふたつの変化が起きている。ひとつは違法薬物の買い手が若年層に広がっていること。とくに大麻が顕著で、検挙人員数は20代と20歳未満が多い（左ページ参照）。もうひとつの変化は、組織以外の人間に闇バイトで薬物を運ばせたり、売らせたりしていることだ。

闇組織は若者に薬物を売ってもうけ、さらにその若者を薬物ビジネスに加担させかせやる。自身の手を汚さずに利益を得る図式ができたのである。闇バイトをする者が使いものにならなくなったら切り捨てる。そして別の者がターゲットになるのである。

金かせぎに利用してボロボロになったら捨てる

闇組織が若者に悪の手を伸ばす

■ 大麻の検挙人員数が増えている

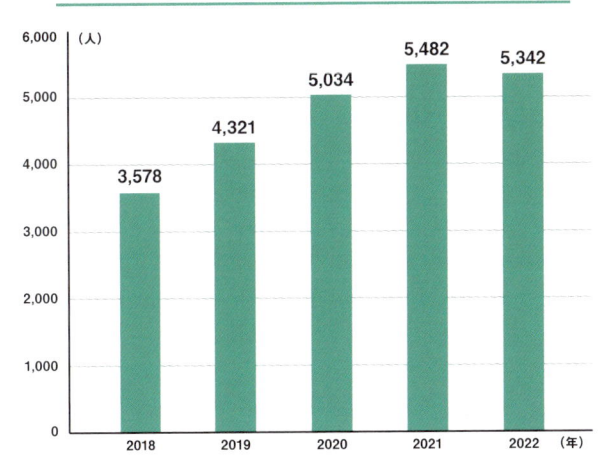

出典：警視庁組織犯罪対策部「令和4年における組織犯罪の情勢【確定値版】」

> 暴力団構成員などの検挙数の割合は下がっているという。つまり、それ以外の人が増えているのだ。

検挙の内容は使用、所持だけでなく栽培もふくまれている。また、SNSなどを通じて面識のない人同士での薬物売買が増えている。

■ 大麻による検挙者は20代が最も多い

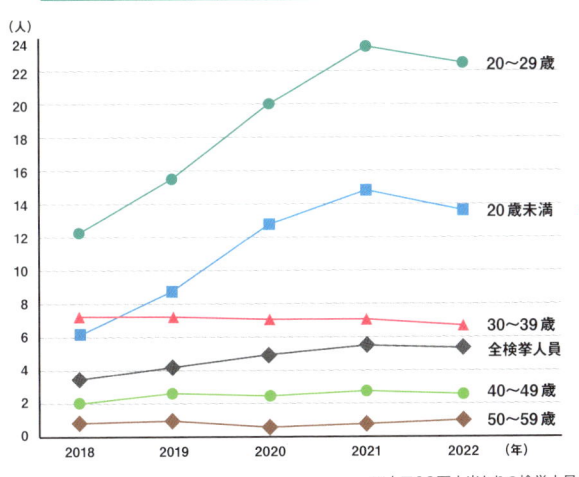

※人口10万人当たりの検挙人員
出典：警視庁組織犯罪対策部「令和4年における組織犯罪の情勢【確定値版】」

> 未成年者がターゲットにされている！

大麻は「ゲートウェイドラッグ」と呼ばれ、ほかの薬物への入口になっている。また、違法薬物は再犯率も高いのが特徴。

どんな犯罪？ 違法薬物の場合

大麻取締法違反

みだりに、所持し、譲り受け、または譲り渡した者は、5年以下の懲役
営利の目的で上記の罪を犯した者は、7年以下の懲役、
または7年以下の懲役および200万円以下の罰金

大麻取締法第24条にて法定刑が定められている。所持、譲渡・譲受のほか、栽培や輸入・輸出における法定刑も定められており、未成年者でも成人と同様に厳しい決定がくだされる。家庭裁判所で調査または審判がくだされ、初犯の場合でも保護観察処分（P.39）になることもある。同法律は「大麻の使用に対する罰則の導入」など、改正の審議が行われている。

危険ドラッグとは？

規制されている麻薬や覚醒剤の化学構造を少しだけ変えた物質がふくまれており、体への影響が麻薬や覚醒剤と変わらないか、それ以上のものを「危険ドラッグ」という。危険ドラッグに関しても法定刑が定められている。

自分の意思では
どうしようもない……

違法薬物を使用すると、無気力になり、正常な判断能力が奪われてしまう。もし、友だちや知人から誘われるようなことがあったら「断固拒否」という姿勢を貫くべきだ。

それが難しいのなら、その場をはなれる、話題を変えるといった方法もある。そうすれば闇バイトのきっかけを遮断できる。また、違法薬物に依存してしまうと、闇組織から違法な金融業者での借金や、さまざまな闇バイトをさせられる可能性がある。その先にあるのは悲惨な未来だけだ。

闇組織は常にターゲットを探している。SNSなどで不用意な発信をすると、闇のネットワークにからめとられてしまう。もし、闇組織からアプローチがあった場合、反応しないことが一番。そして必ず大人に相談することだ。

1回のつもりが乱用の始まり
違法薬物は人のすべてを奪う

!))) 闇バイトアラート発動！

アラート ① 違法薬物との接点を持たないことが第一

違法薬物にかかわる未成年者の検挙人員数が増えている背景のひとつに、連鎖しやすい環境があげられる。SNSなどで違法薬物のやりとりが行われるようになったことで、闇組織との接点がない人でも違法薬物を入手できるようになった。それにより友人から友人、またその先へと違法薬物の使用者が拡大しているのである。

● こんな誘い文句に注意

ちょっとだけ、ためしてみない？	とりあえず預かってよ
リラックスできるよ	お金はこの次でいいよ
タバコより害がないよ	嫌なことを忘れられるよ
クスリでちょっと遊ぼうよ	みんなやっているから大丈夫
最高の気分が味わえるよ	1回だけなら大丈夫！

アラート ② SNSでの不要な発信、やりとりは絶対にしない！

違法薬物の売買は、インターネットを介して行われることが増えている。その中でもSNSは誰でも簡単にアクセスできるため、違法薬物の入口になりやすい。違法薬物取引では、秘密をもれにくくするために、隠語が使われる。隠語の意味を知らずにあやまって接触しないように、代表的な隠語を知っておこう。これらが記載されているネットのやりとりには絶対に反応しないこと。

● 違法薬物の隠語に注意！

> 大麻：クサ（草）、ヤサイ（野菜）、ガンジャ、ハッパ、チョコ、ハシッシュ
>
> 対面取引：手押し　覚醒剤：アイス　密売人：プッシャー

違法薬物に "1回だけ" は存在しない。薬物と闇組織はターゲットを追いかけ続ける！

小谷先輩
お久しぶり
です！

わりー！
ちょい
待たせたな

いやいや、どうせ
オレ、予定とか
なんにもないですし
大丈夫ですよ

あれっ
バイトは？

荷物の仕分け
やってたよなぁ？

とっくに
やめましたよー
しんどいわりに
金少ないし……

19だけどな
リョウも
吸えば？

制服じゃ
ないんだし
ほら、1本？

おっ、じゃあ
グッド
タイミング
だね！
ちょっと
一服させて

シュボッ

お いいっすね
堂々と
吸えて！

4話

銀行口座を売っただけなのに

警戒心強いね
まあ高校は卒業して
おきたいもんな

ありがとう
ございます
でも、オレは

やめときます
ここの店員
オレが高校生って
知ってるんで

通報しちゃいます

でもバイト
やめたってことは
金ないんじゃ
ないの?

かせぎになる話
あるんだけど
興味ある?
あるよねえ

まあな
でも簡単な
バイトだ

あぶなっかしい
こともない……

口座をいくつか
つくってほしんだ

あやしい話
っすか?

口座って銀行の?

そう 1口座で3万払うよ

SNSの広告で見たことがあるような……それ、本当に大丈夫なんですか?

えっ、オレが信用できないの!?

そんなことないっすよ

オレも頼まれ仕事でね後輩を使えば50くらいいける?

リョウなら後輩を使えば50くらいいける?

それとキャッシュカードもいるからな

はあ……そもそも口座って高校生でもつくれるんでしたっけ?

まあ リョウは口座をオレに渡すだけだからさ

10口座なら30万円ってことだな

えっ そんなに!?

高校は義務教育じゃないんだから働いているやつもいるだろ？

15歳（さい）以上なら親の同意なしでもつくれるんだよ

あーなるほどですね

ネットで手続きできるところもあるしな

それでいつまでにやればいいんですか？

3週間で30はほしいねとりあえず

2週間後にできるだけ持ってきてくれればいいや

正直、不安だった

でも、上下関係に厳しい先輩（せんぱい）の頼（たの）みを断るほうが怖（こわ）かった……

じゃあなリョウ！

2週間後だからな無理しないように無理しろよ！

わかりましたやってみます

ショウヘイ！
お願いが
あるんだよ

なんですか!?
リョウ先輩

……

タバコは
持ってきて
ないですよ

ビジネスの
話だよ

おまえんとこの
グループに
何人かいるだろ？
そいつらにさ……

ショウヘイは
1学年下で
不良グループの頭だ

オレは小谷先輩から
持ちかけられた話を
同じように伝えた

オレ入れて
6人だから
6万円か……

ほかのやつらに
いくらか渡すと
そこまでいい話じゃ
ないですよねぇ……

どうだ？
1口座で
1万円だぜ！

差額の2万は
オレがもらう
けどな

ひとりが３つの
銀行で口座を
つくれば

３×６人で18
４つなら24
5つで30だ！

もっと頭を使え！
リーダーなんだからさ
銀行はひとつじゃ
ないだろ!?

バーカ

うす
ほかの連中にも
声かけて
みますね

親の同意みたいな
ものがいるから

中学生は
ダメだから

あっ
頼むわ

２週間で

で、いつまでに
必要なん
ですか？

誰も傷つけず
迷惑もかけない
んだからな
いい話だろ!?

当たり前だろ！
自分の口座を
渡すだけだし

リョウ先輩
ビジネスマン
みたいですね！

念のためですけど
これ、安全なやつ
ですよね？

そしたら
その口座の通帳と
キャッシュカードを

いいよ
いいよ

今からいう住所に
特定記録の郵便で
送ってね

すみません
まだ11しか
集まっていません
自分もまだ1つで

──2週間後

小谷先輩

通話中…

知らないか……
郵便局に行って
聞いたらわかるよ

でも何を送るかは
わからないように
封筒に入れてから
郵便局に行けよ

特定記録？
それって
なんですか？

わりいけど
明日の夕方にでも
取りにいって

はい
ありがとう
ございます

わかり
ました

金は3万×11で
33万円な

駅前のカラオケの
店長に預けておくよ
わかるように
しておくから

じゃあ、もう少しつくって送りますね

意外に簡単だったし……

オレも動きますよ

おう

できるだけあるといいよな

お互いに！

いいね！じゃあこれでこのバイトはいったん終了ね！

それから1週間ショウヘイと組んで追加で13の口座をつくることができた

たったの3週間で48万円か……ほかのバイトはできないな

協力してくれたショウヘイには追加で3万円を渡し口止めの手も打ったそれでも45万円だ

小谷先輩は
売った口座を
何に使うのか
教えてくれなかった

遊びに困らないだけの
お金がある
それが
どんなお金であれ……

きれいな
お金ではないよな
ちょっと不安だけど

まあ、大丈夫だろう
終わったことだし……

不安は日に日に
薄れていき
考えることも
なくなっていた

刑事から声を
かけられ
すぐに察した

しかし
2か月後

菊地良一だね
聞きたい
ことがある

刑法第256条2項
「盗品等有償の処分のあっせん」

ショウヘイたちも
小谷先輩も
逮捕された

オレは少年鑑別所に
送還されたのち
保護観察処分となった

それがどんな罪に
あたるものなのか
オレにはわからないが

今後、オレは
自分の口座を
つくれなくなるそうだ

インターネットで
口座売買を
検索してみた

自分と同じように
高校生や大学生が
逮捕されている
ニュース記事が
いくつもヒットした

小谷先輩は誰と
関わっていたのだろうか？
自分と同じように
誰かに依頼されたのか？

口座売買を
行わせていた
組織の逮捕記事は
見つけられなかった

でも不思議なことに
個人単位での
逮捕の記事だけで

闇バイトから身を守る
ターニングポイント

TURNING POINT

あやしい点があれば

知人でもきっぱり断り

一定の距離を置く

知人からの紹介だからと

疑うことすらせず

指示どおりに動いた

知人からの勧誘も
闇バイトの入口になる

　ダイレクトメールやSNSなどで表示される広告から闇バイトに誘導されるのとは別に、友人や知人から勧誘されるケースもある。知り合いということもあって、根拠のない安心感から闇バイトに手をだしてしまった典型的な例が、マンガのリョウである。しかもリョウは後輩も巻きこんでしまった。

　大人でも知人からの誘いは「断りにくい」と感じることが多々ある。だからといって違法行為を安易に引き受けてしまうのは得策ではない。応じた場合、その先にどうなるのかを想像すれば、毅然とした態度で断るはずだ。哲学者のソクラテスは「無知は罪」という言葉を残した。他人を傷つけたり、社会に迷惑をかけたりした際に「知らなかった」は通用しない。

闇組織の狙いと手口

口座売買は必ず摘発される

- 犯罪に使われた口座は事件の捜査対象になる
- 口座の不審な取引履歴がチェックされる
- 闇組織が摘発され、口座の名義人がわかる

逮捕

口座凍結

闇組織はお金を暗号資産にかえる

闇組織は犯罪行為で得た収益の出どころがわからないようにするために、資金を架空口座や他人名義の口座に動かす。これを「マネーロンダリング」という。昨今、暗号資産（以前は仮想通貨とも呼ばれていた）が取引に使われるようになり、マネーロンダリングへの悪用が懸念されている。

闇組織の目的はすべてお金だ。お金を守るためであれば金融機関の口座の悪用もいとわない。たとえば特殊詐欺でお金を振りこませる口座、薬物売買で使用する口座などとして利用する。口座が犯罪に使用されていることがわかっても、他人の口座なら摘発されることがないため、闇組織は多数の口座を必要としている。

金融機関の口座開設に年齢制限はない。未成年者の場合は親権者などによる手続きが必要だが、15歳以上であれば本人のみで開設できる口座もある。インターネットのみで開設できる口座もある。だから闇バイトで未成年者がターゲットになるのだ。もちろん、他人名義の口座を使うのも他人に売買するのも犯罪だ。金融機関でも禁止している。

他人の口座を一時的に利用し、収益も組織も表から隠れ去る

闇組織の実態を暴く！

■ 他人名義の金融口座はさまざまな犯罪に使われる

振りこめ詐欺

オレオレ詐欺や投資詐欺などで、だまされた相手がお金を振りこむ口座として使用される。また、架空請求の振りこみ先として使用されることもある。

ネットショッピング詐欺

窃盗や詐欺で手に入れた商品のネット販売や、偽ショッピングサイトで、購入者が代金を支払う口座として使用される。

マネーロンダリング

違法に得たお金の出どころをわからないようにするため、また正当なお金と見せかけるために一時的に使用される。マネーロンダリングは「資金洗浄」とも呼ばれる。

違法な金融業者の受け皿

無許可で貸金業を営んだり、法定外の高金利で貸しつけを行ったりする金融業者（「闇金」とも呼ばれる）が、収益を隠すために使用する。お金を借りた人に対して、闇金が返済の代わりに口座の譲渡を求めることもある。

不審な入金、出金、送金は、金融機関が行う顧客の情報管理（お問い合わせ用の郵便物を送って、登録内容を確認するなど）で判明し、警察の捜査対象になる。闇組織に捜査の手がおよぶ前に、口座の名義人が事情聴取などを受けることが多い。また、金融機関の口座を売ると、個人情報も流出してしまうことを強く肝に銘じておこう。

どんな犯罪？ 口座売買の場合

犯罪収益移転防止法違反

1年以下の懲役または100万円以下の罰金

犯罪収益移転防止法違反第28条2項にて定められている。この法律は「反社会的勢力・組織的犯罪集団・テロリズム集団の資金源や収益移転ルートを断つこと」を目的に制定された。また、銀行に対しては詐欺罪となる。

盗品等有償の処分のあっせん

10年以下の懲役および50万円以下の罰金

刑法第256条2項に「盗品その他財産に対する罪にあたる行為によって領得された物について、その有償の処分のあっせんをした者を罰する」と定められている。口座売買をあっせんした場合、この法律の対象になる。

自分が使っていない口座なのに……

口座を不正利用した場合、罪に問われるだけでなく、自分の口座すべてが停止され、新たに口座をつくれなくなる。マンガでは闇バイトをするかしないかの葛藤は、「先輩の頼みを受けるか、断るか」にあった。ここで今一度、闇組織の編成（21ページ）を確認してほしい。バイトと接触するのは、リクルーターや指示役だ。これらの人物とは、秘匿性の高いコミュニケーションアプリでのやりとりとなる。

よってマンガで勧誘している先輩は、これらに当たらない。リョウが摘発されれば、おのずと先輩へも捜査の手がおよぶのだ。断ったあとの人間関係に恐怖を覚える人もいるだろう。しかし、闇バイトの結末と比較すれば、その恐怖の受け止め方は変わってくるはずだ。

連絡先のわかる知人は闇組織にだまされているひとり

!))) 闇バイトアラート発動!

アラート 1 自分名義の口座を売った段階で処分対象

ダイレクトメールやSNSの広告などで、口座売買を勧誘されるケースが多い。自分名義の口座を売った時点で犯罪収益移転防止法違反となることを覚えておいてほしい。また他人になりすまして口座を開設すれば、詐欺罪にもなる。自分の預金口座は利用を停止され、強制解約させられる。

○○○ @ ○△×□_□△×□

即日入金　24h 即対応
安心・簡単　入金100%

＃お金に困っています
＃口座売買
＃高収入

アラート 2 口座開設後にあやしいと思ったらすぐに相談

口座を開設することは犯罪ではない。それを売るかどうかで悩んだら、保護者など大人に相談し、すぐに専門機関に連絡すること。自身が負うかもしれない罪を防ぐだけでなく、犯罪を未然に防ぐことにつながる。万一、口座を売ってしまった場合でも、すぐに相談すること。

● 相談機関

※相談機関の連絡先をP.156に掲載しています。

取引した金融機関	
全国銀行協会相談室・あっせん委員会	
銀行とりひき相談所	警察
消費生活センター	弁護士

アラート 3 金融機関の口座は個人情報である

口座売買は個人情報も伝えることになる。「ダークウェブ」という、一般の検索サイトからではアクセスできない闇サイトでは、個人情報が売買されている。個人情報が闇市場に出てしまうと、どんなことに悪用されるかわからない。また、ネットバンキングなどで、個人情報を盗まれる被害も増えているのでとくに注意しよう。

● ウイルス感染のケース

ウイルスに感染させて、ネットバンキングのパスワードを盗み取る。

● フィッシング*のケース

偽メールで偽のネットバンキングのWebサイトに誘導し、さまざまな情報を入力させてパスワードや個人情報を盗み取る。

*実在の組織をかたって、ユーザーネームやパスワード、アカウントID、金融機関の暗証番号などの個人情報をだまし取ること。

第5話 スマホを代理で購入したら

タバコやお酒
万引きだって
したことはない。

優等生と
いわれるほどでは
なかったけれど

それでも18年間
正しくまじめに
生きてきた

これは
そんな私が

犯罪者と
いわれる
までの話

着信中

さようで
ございます

当社は外国から来た
旅行客へ携帯電話の
貸し出しサービスを
行っております

富山様には携帯電話の
契約代行をしていただき
その携帯電話を
お送りいただいて

報酬をおだし
するといういう

いきなり
オンライン説明会って
いわれて身がまえたけど

女の人だし
感じもよさそう

ご契約1台につき
3万円を
支払わせて
いただきます

3万円!?

はい?

……
すみません

めっ

すごい!!
1台で3万円って
本当に……?

74

はじめての
お取引ですと

新規登録に
お時間を
要することが
ございまして……

申し訳
ございませんが
今しばらく
お待ちください

送料のご連絡は
受け取って
おりますので

登録が完了次第
報酬と合わせて
一括で支払わせて
いただきます

！

ほ……っ

一括？

じゃあ たとえば明日
契約を増やしたら
その分ももらえるって
ことだろうか……？

あのっ

登録の完了前に
新たに
お仕事するのは
大丈夫ですか？

もちろん
でございます！

1か月が経った……

永久機関なんてなかった……!!

だまされた……

東都国際ツーリズム

該当のアカウントは存在しません

やっぱり楽してもうかるなんてウソだったんだ……

4台だけでやめといてよかった……

送料は痛いけど勉強代と思えば……

闇バイトから身を守る ターニングポイント

仕事の説明を聞いて
少しでも疑問が生じたら
その時点でやめる

相手の印象だけで判断し、
契約(けいやく)内容を理解しないまま
依頼(いらい)されたとおりに動いた

報酬をおだし
していう

3万円!?

ご契約1台につき
3万円を
支払わせて
いただきます

すごい!!
1台で3万円って
本当に……？

すみません

はい？

めっ

いきなり
オンライン説明会って
いわれて身がまえたけど
女の人だし
感じもよさそう

会社も人もすべてが偽物
安心させるための罠に気づこう

SNSやダイレクトメールでは、相手の姿が見えないので、警戒心を持ち続けやすい。

一方、会社の所在が確認でき、礼儀正しいスタッフとやりとりできたら、安心感を覚えてしまわないだろうか。マンガのマコはこのパターンにはまってしまった。闇組織が架空の会社をつくって、犯罪との関わりをみじんも感じさせないようにするのはよくあることだ。

転売された携帯電話は、闇組織からの需要が高く、犯罪行為に欠かせない道具になっている。闇組織は、違法に入手した携帯電話をさまざまな犯罪で使い捨てにする。契約者が別にいるので足がつかず、姿をくらますのも容易。お金をかけずに身代わりを立てられるのだから、犯罪者にとってこれほど都合のよい道具はないだろう。

闇組織の狙いと手口

販売業者の対策の不備を利用

販売奨励金

契約数などに応じて販売店に支払うお金。販売店は販売報奨金を増やしたいので、売ることに注力する。

携帯電話会社

販売店は契約数を増やすことが目的。

機種変更

新規契約

乗りかえ契約

販売店

複数の携帯電話を手に入れられる。

携帯電話は個人で契約できる。

犯行に利用されるだけでなく契約者に多額の支払いが発生

携帯電話の転売でも、回線契約のない機体のみの転売であれば犯罪にはならない。これは、契約情報が記録されているSIMカードが入っていない携帯電話である。一方、闇バイトで求められているのは、SIMカードが入った状態の携帯電話だ。携帯電話の販売店が扱うのはこちらで、転売目的が疑われる契約への対策は行われているが、本人契約であれば、疑うこともできない。

闇組織は回線契約のある携帯電話を犯行に使用する。しかも、発生した通信費は、契約者に請求されるのだから質が悪い。契約者には、その費用を支払う義務さえ生じる。請求書が届くころには、闇組織はその携帯電話を手放しているので、どうすることもできない。

84

闇組織の実態を暴く！

■ 転売された携帯電話の使われ方

こう使う

リクルーター・指示役

闇バイトの募集や、面接、犯行指示などのやりとりで使用する。秘匿性の高いコミニュケーションアプリに切りかえるまでは、メッセージや通話履歴が残るが、携帯電話の名義が本人ではないため、警察の捜査があっても特定されにくい。

こう使う

実行役

闇バイトをする者に支給する。たとえば特殊詐欺のかけ子（P.22）が使用する。犯罪の被害者の携帯電話に電話番号の履歴が残っていたとしても、組織に捜査がおよぶことはない。使い捨てなので、とにかく多くの台数が必要になる。

■ 違法な金融業者による詐欺

違法な金融業者が融資の審査として携帯電話の送付を求め、奪い取る詐欺事件が多発している。返済の肩代わりにされたり、中古の携帯電話販売業者へ転売されることもある。

その結果 ➡ 携帯電話の契約のみが残る

■ 海外に違法売買される

闇バイトで集めた携帯電話を海外の闇組織に売って、資金源にすることもある。新品未開封の携帯電話は高値で取引されるという。携帯電話は海外へ送られ、契約は国内に残ったまま。さらに、闇バイトに報酬を支払わず、組織が姿を消す場合もある。

その結果 ➡ 自分名義の携帯電話が外国に渡ってそれが犯行に使われる

どんな犯罪？ 携帯電話の代理購入の場合

携帯電話不正利用防止法違反

2年以下の懲役または300万円以下の罰金

携帯電話事業者に契約者本人確認を身分証明書などに基づいて行うことを義務づけた法律。契約者が虚偽の申告をした場合や、携帯電話事業者に無断で他人に譲渡した場合は違反行為となる。他人名義を譲り受けた場合も同様。

販売業者の取り組み

携帯電話事業者も携帯電話不正利用防止法の義務を怠ると、違反行為となる。事業者によっては、ひとり一台しか契約できないという規制を設けているところがあるほか、各携帯電話会社は、携帯電話を販売する際、割引額に上限を設けるなどしている。

契約しただけで、自分は使っていないのに……

携帯電話の代理購入の最悪のシナリオでは被害者にはなり得ない

携帯電話の代理購入の闇バイトでは、「①携帯電話が犯行に使われて被害者を生みだす。②闇バイトの報酬が支払われない。③携帯電話の代金を負担する。④携帯電話の通信費を負担する。⑤自分の携帯電話の契約を解除され、新規契約できなくなる」という最悪のシナリオがある。しかも、自身は被害者ではなく、携帯電話不正利用防止法違反による加害者（犯罪者）だ。

闇組織はあの手この手を使って、落とし穴をつくり続けるプロだ。そのときに重要になるのが、考える時間があるかどうか。仕事内容をインターネットで調べたり、大人に相談したりすることを闇組織は嫌がる。個人情報を渡しさえしなければ、闇組織は遠ざかっていくはずだ。

!))) 闇バイトアラート発動！

アラート **1** 自分以外の人が使用するのは契約違反

・携帯電話事業者や販売店には、契約締結時や譲渡時などに本人確認を行うことが義務づけられている。契約者の代理で契約する場合は、契約者や、委任された人の本人確認書類や委任状などが必要になる。友だちに携帯電話を貸すことも違反行為にあたり、トラブルの原因にもなる。

● 違法行為があると、その携帯電話会社と契約ができなくなる！

アラート **2** 通信費の支払い義務が残る

通話料などの通信費は、契約者以外の者が使用した場合でも、契約者自身に支払い義務がある。仮に紛失したり盗まれたりして第三者が使用したとしても、契約者が管理責任を問われることになり、携帯電話会社は契約者に利用料を請求できる。

● 転売されても契約者が負担する

携帯電話本体の料金

通信費	解約にかかる費用

アラート **3** 家族に携帯電話を貸すのも違法

家族などの契約者以外の人が使用する場合は、契約者の本人確認、家族であることを証明するための書類、家族の本人確認書類が必要になる。携帯電話の名義を家族に変更する場合も必要書類を持って手続きしなければならない。企業などの従業員用の携帯電話は法人契約となるが、その場合も使用者の本人確認書類が必要になる。

● 契約時に利用者欄がある！

子：契約者として登録

親：利用者として登録

使い捨てにされた
闇バイトの実行役たち

検挙者の大半が、遊興費など目先の欲求で手をだした。
しかし、その目先の利益すらも得られていないのが現実だ。

CASE 1
指示役にお金を請求された

闇バイトで一時的に報酬を得たとしても、回収役にいったん集めるなどといった理由でお金を請求され、結局、報酬を得られない事例がある。闇バイトをする者が直接やりとりするのは、リクルーターや指示役。彼らもまた誰かしらの指示で動いている。闇組織の一部だけが利益を得ることができる構図なのだ。指示を拒むと脅迫されるという恐怖の二段がまえだ。

CASE 2
報酬が口座に振りこまれず

「次の仕事のあとに振りこむ」「まとめて振りこむ」といわれるが、一度も報酬を得られないまま、逮捕された人もいる。また、受け子などは指示された場所への移動費も自分で負担することが多い。中には日本各地を移動し、宿泊費を要した人もいる。報酬どころか、経費も支払われない。利用できなくなれば捨てる。これが、完全なる利己主義である闇組織の実態だ。

CASE 3
犯行グループに密告された

犯罪によって得たお金を持ち逃げした者が、闇組織に密告され逮捕される、というのもよくあるケースだ。秘匿性の高い連絡ツールのみでのやりとりのため、実行犯が逮捕されても組織に捜査の手はおよばない。また、なんらかの因縁をつけられて、闇組織から報酬を上まわるペナルティを巻きあげられた人もいる。お金を失うか、逮捕されるかの二択しかないのだ。

CASE 4
報復としてSNSでバラされた

闇組織から離脱した者は、組織から制裁行為を受ける。インターネット上で「詐欺犯罪者」とコメントのついた顔写真や身分証明書の画像がアップされることもある。こうした制裁の事実が、闇バイトをする者がぬけだせなくなる要因でもある。もちろん、自身や家族の生命の危険を感じさせる脅迫は、日常的に行われている。個人情報を握ることで、逃げ道を遮断するのだ。

3

自ら相手を

陥れる

闇バイト

パパ活から脅迫グループの一員に

サエは
最近どう？

パパ活
やってる？

たまに
やってるよ

ランチと散歩で
1万円もらって
18時には帰る

徹底してる〜
まあトラブルは
怖いもんね！

アヤは
どうなのよ？

彼氏が
できたら
ダメでしょ

大学生だけど
実家が
お金持ちだから
いろいろ買って
くれるんだ〜

ハァー…

急にパパ活が
めんどうに
感じてきたわ

何百万かあれば
私もやめられるん
だろうけどなあ

お金につられて変なことをするんじゃないよ！

しないよー

あっ 新しいパパからメッセージがきてる……

まあ ほどほどにね！

さっきのパパに連絡返すの忘れてた

あっ

母より

ランチ 1枚 OK

じゃあ13時に新横デパート9階で門限があるから17時までね ―エコー― ……っと、この名前でいいかな

タプタプ

デパートは安全 その周辺も治安いいし人もたくさんいるから

トラブルに巻きこまれることはない

——約束の日

2F　婦人服　新オ

12時50分……
まだ来てないか
ちょい早すぎた

キョロ　キョロ

すみません
エコちゃん
ですよね？

ダックです
どうも！

えっ、ダック!?
今日会うパパの
ハンドルネームだよね
何なの……
どういうこと？

断る理由もない
私は予定どおり
ダックさんと
ランチをした

ダックさんは気さくで
とても話しやすく
これで1万はラッキー
こんなことも
あるんだな

ごめんねぇ
だますつもりはなくて
ちゃんと約束の
お礼は払うからね
このままつき合って！

ねえ、エコちゃん 今後もパパ活を続けていくつもり？ 提案なんだけど……

……私と組んでみない？ これも縁だから

それはパパ活を利用して パパを脅迫しお金をもらうという話だった

今より簡単にもっとかせげるよ

ちょっと多めに援助してもらうだけ 危なくなったら私の仲間が助けに入るから 心配することはないわ……

これからの連絡はアプリでしようね

あっ はい……

あと念のため何かあったときのために あなたの連絡先も知っておきたいの

ごめんね— 仲間への報告に使うだけだから これでよし！ ふたりでバンバンかせごうね!!

断りたかった でもダックさんには逆らえない 何かがあった……

学生証とか持ってる？

すべては予定どおりだった ダックの仲間がターゲットを取り囲み脅迫していた

それからダックさんからの指示はどんどんエスカレートしていった

平気だったでしょ!? この調子でもっとかせごうねえ また連絡するからね!

はい……

サエちゃん! お疲れ〜 報酬の2万円ね!!

ふと気づくと私の手は犯罪で染まっていた 限界だった……

ターゲットの目をぬすんで財布からお金をぬいて逃げたり

ホテルの部屋でターゲットにつめ寄って脅迫したり

えっ　やった!!
これでもう解放される
あと1回やれば
自由になれるんだ!

すみません、これ以上は
続けられません
もう許してください

あら、残念
わかったわ
でも、あと1回だけ協力して
それで最後にするからね!!

いつものように
ターゲットと
ホテルに入り
すきを見て
すぐに外に出た

——数日後
最後のパパ活
これで
終われる……

LOXOHO

えっ!?
どうして
そっちに?

ドッ

よし!
さあ、こっちを
追いかけ……

出てきた!

!!

ターゲットは
その場から
逃げていった

ダックさんの仲間は
追いかけようとしたが
すぐに諦めて
どこかへ
行ってしまった

ダックさんを探したけれど
彼女の姿は
どこにもなかった
私は体が動かなかった……

警察にこれまでの経緯を
一部始終話した
脅迫罪、窃盗罪……

でもダックさんや
その仲間たちが
逮捕されたという話は
聞いていない……

ターゲットは
警察にかけこみ
残された私は
警察に捕まった

ランチのみでOK！　ぜひ会いましょう!!

なぜなら
私のような人が
闇組織のカモに
なるからだ

食事やデートをして
お金をもらうことは
犯罪にはならない

それでも私は
パパ活をしたことを
後悔した

97

闇バイトから身を守る
ターニングポイント

会おうと誘われても
自分ひとりでは
絶対に判断しない

面識のない人に
ひとりで会って
個人情報を伝えてしまった

自分だけは大丈夫という過信が危険を呼び寄せる

出会い系は、インターネットの発展にともない、Webサイト、アプリ、SNSと多様化している。「大人同士」の出会いから、「未成年者同士」「大人と未成年者」というように、利用者の年齢層も幅広い。未成年者が大人におこづかいや物品のプレゼントをもらうことを「パパ活」とか「ママ活」という。この行為自体は違法ではないことから、面識のない人と直接会うことへの抵抗感が弱まっている背景もある。

しかし、出会い系のサービスにトラブルはつきものだ。出会った人から直接被害を受けることもあれば、なんらかの形で犯罪に巻きこまれることもある。マンガのサエが巻きこまれたのは闇バイトで、相手の目的は最初から犯行への利用だったわけだ。

闇組織の狙いと手口

パパ活が犯罪に利用される流れ

- 個人情報を入手して弱みを握る
- 秘匿性の高いコミュニケーションアプリで指示をだす
- 犯行グループの一員にさせる

こんなことをさせられる！

| 詐欺 | 脅迫 | 窃盗 | 売春 |

闇組織は、自分たちの手を汚すことはない！

闇組織がSNSを人探しの場にしている。たとえば、パパ活をしているような人物は有力なターゲットだ。なぜなら警戒心が弱い傾向にあるから。また、パパ活自体に違法性はないとしても、社会的にはネガティブな印象があるため、弱みとしてつけこみやすい。個人情報さえつかめば、家族や学校に簡単に情報を拡散することができる。

こうしたやり口を「パパ活狩り」ともいう。利益を得るのは、闇組織だけなのだ。

闇組織が恐れること、それは警察に逮捕されることだ。そのきっかけをつくるような人物との接触は避けたい。だから、自身にリスクがおよばず、道具のように利用できる人物を探すことが、闇組織にとって重要になる。

闇組織の実態を暴く！

■ 闇組織が行うパパ活狩り

パパ

闇バイト

恐喝

指示

恐喝実行犯

指示役

利用価値が
なくなれば見捨て、
闇組織は
姿を消す！

こんな犯罪につながる可能性がある！
- 未成年者略取・誘拐罪
- 児童ポルノ禁止法の違反
- 児童福祉法の違反
- 児童買春禁止法の違反
- 淫行条例（青少年保護育成条例）の違反
- 売春防止法の違反
- 不同意性交等罪
- 不同意わいせつ罪
- 性的姿態等撮影罪

パパ活のターゲットが
罪を犯すように誘導する

↓

闇バイトの特徴

- 大きな危険をともなう
- 自分が被害者であり
  加害者の構図

闇組織はこれらを弱みとして利用する！

闇組織が狙う相手は、パパ活をする男性だ。ただ、恐喝するだけでは警察に通報されたり、暴れられたりする可能性がある。そこで、パパ活をする女性が、相手に犯罪行為（上記）をさせるために誘う役割を担う。闇組織はターゲットから金銭を奪い取り、その一部を女性にバイト代として手渡すシナリオだ。なお、恐喝実行犯も闇バイトのケースがある。

どんな犯罪? 恐喝の場合

恐喝罪　10年以下の懲役

刑法第249条で、「人を恐喝して財物を交付させた者」の処罰を定めている。暴行・脅迫の程度が強度の場合は強盗罪に該当する。直接恐喝していない場合でも、その準備をした者は強盗予備罪（刑法第237条）に該当する。

窃盗罪

10年以下の懲役、または50万円以下の罰金

刑法第235条で「他人の占有する財物を窃取した者は、窃盗の罪」と定められている。14歳以上で罪を犯した少年は「犯罪少年」に分類され、家庭裁判所で調査または審判がくだされる。

詐欺罪

10年以下の懲役

刑法第246条に定められた犯罪。未成年者の場合、知識や考えの不足、判断能力が不十分ということも考慮されるが、審判がくだされることもある。家庭裁判所で調査または審判の結果、少年院送致などの決定がくだされることになる。

パパ活がこんなことになるなんて……

男女が共謀して恐喝をする犯行は昔からあり、「美人局」とも呼ばれる。多くのケースでは、女性がターゲットをだまし、男性が恐喝するパターンだ。そのだまし役として、パパ活をしている女性が、闇組織に目をつけられることがある。闇組織からダイレクトメールで勧誘されることもあれば、パパ活の相手役になりすましておびき寄せられることもある。AIの発展で画像や動画を簡単に偽造できる今日、なりすましは容易だ。見ず知らずの相手に会うのは危険。パパ活は違法ではないが、危険性が極めて高いことを理解しておこう。SNSやアプリは、誰が見ているかわからない。闇組織が反応する内容のネット発信はつつしもう。自由に発信できるネットで守ってくれる人はいない。

ネットでは本性が見えない　自分自身にセーフティネットを!

！))) 闇バイトアラート発動！

アラート 1 SNSやアプリでは内容を確認してから発信する

いつでもどこでも情報を発信できるのが、SNSやアプリの魅力（みりょく）である。発信する情報を全体公開にしていれば世界中の人とつながることができる。ただ、見る人を選べないのが全体公開の怖（こわ）さである。公開することを選ぶ場合は、発信内容を慎重（しんちょう）すぎるくらい確認するべきだ。それができない人は、友だちだけなど、限定公開の設定にしておきたい。

● 発信するかどうかの判断基準

> 声にだして読んでもはずかしくない？

> 保護者や学校に知られても問題ない？

> 本当に今、発信するべき？

アラート 2 面識のない人にひとりで会わない

危険だとわかっているところに、ひとりで出かけるだろうか？ 面識のない人が必ずしも危険だとはいえないが、危険ではないという確証も持てないはずだ。絶対にひとりで、そして子どもだけで会わないこと。また、マッチングアプリでもトラブルが起きている。未成年者は登録できないルールなので注意しよう。

● マッチングアプリの危険を回避（かいひ）

> 未成年者でも登録できる
> アプリは利用しない
>
> 年齢（ねんれい）を偽（いつわ）って登録しない
>
> アプリを利用するときは、
> 保護者の同意をもらうこと

アラート 3 偽客（にせきゃく）、偽行為（にせこうい）をする「サクラ」が存在する

お客さんを装（よそお）ってお店やイベントを盛りあげる人を俗（ぞく）に「サクラ」という。マッチングアプリでもサクラが存在していることがあり、トラブルが発生している。AI技術を使えば、画像や動画も偽造でき、別人になりすましてやりとりもできる。それを見破るのは容易ではない。だまされないためには、利用しないのが最善策だ。

なあ
今の店員って

大学で
見たことない？
いつもひとりで

え〜と
あんな感じのやつ
いっぱいいすぎて
見分けつかんわ

ありがとう
ございました

ヨシオ（21歳）
大学生
コンビニ店員（アルバイト）

大学生活に
期待していた
東京の大学に
行けば

お疲れさま
でしたー

おつかれ
でーす

自分も自動的に
都会の人間に
なれると
思っていた

でも現実はただの
ひとりぼっちに
なっただけ……

そんなとき
高校の同級生だった
ユウイチから
連絡がきた

22:03
7月28日 土曜日

RAIN
ユウイチ：今度東京行くからひさしぶりに
遊ばん？

ああいうのが急になつかしくなっちゃって

また一緒になんかやりてーなあって友だちって高校がピークじゃね!?

おまえも!?

やばっ!もう行かないと約束あったんだ

ヨシオも一緒に投資やってみないか?

今しかないぜ!

なぁ……

2日後——

高級ホテルのラウンジにヨシオはいた

107

はじめまして
盛口といいます

ヨシオさんは
金融ビジネスに
興味があるの？

興味って
いうか……

経済のこと
無知なんで
投資とか
ちょっとでも
知れたらって
感じで……

すごい
勉強熱心！

わぁっ

そんな
大それた……

本当に何も
知らないんです

心配すること
ないんだって
これさえあれば
大丈夫なんだよ！

USB……!?

そう！
この中には
投資のノウハウが
全部つまってるの

初心者向けで
AIの予測に
従うだけで　絶対に
もうけが出る
ってわけ!!

それだけの
ものなら
高いんじゃ……

そうね
56万円よ！

はっ！

でも……

ちなみに私は
このUSBを
使って

ふふ
最近本モ
出しちゃったの

今年は
年商1億に
届きそう

……億!?

投資を学ぶのに
かかる時間を考えれば
費用対効果は
十分高いって
断言できるわ

ヨシオは
オレなんかより
頭がいいから
絶対にもうかると
思うんすよね～

……っ

闇バイトから身を守る ターニングポイント

ネットでも十分に調べる
必ず大人に相談する
契約（けいやく）する前に

誘（さそ）われるがまま
内容を理解せずに
安易に決断してしまった

114

心のすきにつけこんで人間関係を崩壊させる

ダイレクトメールやSNSの広告など、不特定多数に向けて募集をかける闇バイトが多い中、マルチ商法は知人から勧誘されるという特性がある。マルチ商法自体は違法ではないが、商売を営むうえで、勧誘方法や商品内容などに、違法性が認められた場合、犯罪となるケースがある。こうした性質から、合法であるように見せかけた新手のマルチ商法が出てきている。マンガのヨシオが勧誘されたのも、合法と違法の境界にあるような闇バイト。そして、合法に見せかけようとしたのが、友人だったのだ。

信頼を裏切る友人の行為は許されるものではないが、その状況を生みだしているのも闇組織といってよいだろう。闇組織が利益を増やせば増やすほど、多くの人間関係が崩壊していく。

闇組織の狙いと手口

「マルチ商法」で組織に誘いこむまでの流れ

1日で10万円ゲット

本気でかせぎたい方
絶好のチャンスです！

ニセ情報（フェイク）
に注意を！

- ダイレクトメール、SNSの広告、知人による勧誘
- 盛大なパーティーやセミナーに招待して安心させる
- 契約を結び、高額請求をする

十分な説明のない、執拗な勧誘は、

悪徳商法 といわれる。

特別感を強調することで
思考力を低下させる

マルチ商法とは、商品やサービスの契約をして、販売組織の一員にさせ、別の客を勧誘させるという、連鎖的な取引のこと。特定商取引法の規制対象で、禁止行為をした場合は犯罪だ。たとえば商品がないのに契約して、報酬のみを得るような商法は違法。「無限連鎖講」（俗称「ねずみ講」）という。

闇組織は、形だけでも商品を用意して、合法なマルチ商法を装う。その詐欺行為は勧誘から始まる。「今だけ」「あなただけ」といった文句で特別感を演出し、派手なパーティーやセミナーに参加させる。そして、参加者が安心し、思考力が低下したところで高額商品を契約させるのだ。自身が知人を勧誘するのは難しく、契約者は粗悪な商品を購入しただけとなる。闇組織に損失はない。

闇組織の実態を暴く！

■ 合法と違法の境界線で活動する！

悪質なマルチ商法を行う闇組織

闇組織が必ずもうかる構図

利 1600円
利 800円
利 400円
利 200円
利 100円

利 …利益の例

下層にいくほど利益が小さくなっていく

ピラミッド形の組織図になっており、下層にいけばいくほど、契約を取っても報酬が小さくなる。多くの契約を取らなければ、自身が契約した費用分を取り返せないため、強引な勧誘や、相手をだますなどの行為が発生しやすい。

	マルチ商法／ネットワークビジネス	ねずみ講（詐欺）
別名	MLM（マルチレベルマーケティング）	マルチまがい商法
法律上	合法なビジネス	違法組織
商品	販売する商品は流通していて、注文後は確実に届く	販売する商品などがない あっても粗悪品
入会金（商品ふくむ）	安い	高い
収入	ビジネスを始めた時期に関係なく商品の流通を拡大した人がもうかる	運営者や、早い段階で入会した一部の人だけがもうかる

合法であるマルチ商法は、「ネットワークビジネス」とも呼ばれるが、合法を装った投資詐欺というケースもある。闇組織は契約者が支払う費用で収益を得られるだけでなく、契約者を通じて別の人に契約させることで、収益を増やせる。

どんな犯罪？ 違法勧誘の場合

詐欺罪　10年以下の懲役

未成年者がマルチ商法の契約をするには、基本的に法定代理人（親権者など）の同意が必要。2022年4月に成人年齢が18歳に引き下げられたことで、18歳、19歳も法律では厳罰化される。また、不正に勧誘するだけで特定商取引法違反となり、処罰の対象になる。

合法だったとしても……

人間関係がこわれる可能性がある！

高額な契約を取り交わすと、紹介による報酬で取り戻そうという心理になる。うまくいかなければ精神的に追いこまれ、違法な勧誘をして知人を巻きこむことに。そうなるとこれまでのつき合い方ができなくなってしまう。

投資した分も
戻ってこないのに……

被害者意識は通用しない 知人を勧誘する加害者である

若者をターゲットにした違法なマルチ商法が横行している。これに手をだしてしまうと被害を受けるだけでなく、別の人を不正に勧誘することで、特定商取引法違反となり、詐欺罪に問われることにもなる。あやまって契約した場合は、「クーリング・オフ」という契約の申しこみを撤回できる制度を利用しよう。もちろんこうした事態になる前に、きちんと断ることが重要だ。

断るときは、理由をつけずにくり返し断り続けるとよい。勧誘する者は、断る人への対処法を知っているからだ。その場で断れずに返事を先送りした場合は、その勧誘内容について調べたり、大人に相談したりすること。断る決断ができるだけでなく、断り方も考えられるはずだ。

！))) 闇バイトアラート発動！

アラート 1 理由をつけずに「やりません」と伝える

友人からの勧誘だと、断り方に迷うだろう。「お金がない」と理由づけすれば、「すぐに取り戻せるよ」とか「ローンを組めるよ」といわれ、断る理由がなくなってしまう。「本当にもうかるの？」と質問すれば、パーティーやセミナーに誘われることになる。相手の術中にはまらないためには、理由をつけずに断り続けるのが一番だ。

自信がない……

今はいい

大丈夫、フォローするよ！

このチャンスを逃すともったいないよ！

アラート 2 契約しても大人に相談してクーリング・オフを！

いったん契約の申しこみや締結をした場合でも、一定の期間内であれば、無条件でそれらを撤回できる「クーリング・オフ」という制度がある。連鎖販売取引に該当するマルチ商法にもクーリング・オフを利用できる。連鎖販売取引で制度を行使できる期間や方法を確認しておこう（右記）。

- **● クーリング・オフが可能な期間**
  契約の書面を受け取った日から20日以内
  ※一定の条件を満たせば、クーリング・オフの期間を過ぎても契約を解除できる場合がある。

- **● 利用方法**
  書面（書留郵便など）や電磁的記録（メールなど）で契約先に送る。トラブルを避けるために記録に残るようにしておくこと。

アラート 3 違法性がないように見えても慎重に

商品の価値をほかの人にも紹介して、商品を流通させることは、悪いことではない。昨今、投資や副業サービスのネットワークビジネスも増えている。これらには、商品・サービスに価値があるか、勧誘が適正に行われているかなど、違法性の判断が難しい側面もある。マルチレベルマーケティング（MLM）とも呼ばれる。

- **● マルチ商法の商品やサービス事例**
  健康食品、化粧品、日用品

  投資学習教材（USBデータなど）

  アンケートなどの副業

闇バイトが関わった
特殊詐欺の被害者

被害者の生活や人生を第一に考えるべきだ。だまされた人たちは、
過酷な状況に追いこまれ、その苦しみは続いている。

CASE 1

老後の生活資金を失った

子どもや孫がトラブルに巻きこまれ、その解決策として金銭を要求される詐欺被害があとを絶たない。被害者は高齢者が多く、だまし取られたお金は、老後の生活費であることも。長い期間をかけて少しずつ貯めたお金を一瞬で失う。そこに闇バイトが加担しているのだ。目先のお金ほしさで、罪なき人の人生を奪うこともあることを覚えておいてほしい。

CASE 2

精神と家族関係がこわれる

特殊詐欺への注意喚起がされる中、だまされた人が家族から責められ、精神を病んでしまうことも少なくない。資産を失ったことで、先の生活への不安から気落ちしてしまうなど、お金だけでなく、日常生活も奪われてしまうのだ。闇バイトで検挙された者はみな後悔しているが、それで被害者が報われることはない。闇バイトは人々の心を踏みにじる行為なのだ。

CASE 3

責任を感じて死を選ぶ

お金をだまし取られた被害者が、自責の念から命を絶った事例がある。そうなればさらに遺族も自分を責めることに。犯罪行為による被害は、二次被害、三次被害につながる恐れがある。だまされたお金が戻ってこないどころか、被害者は平穏も取り戻せない。闇バイトをするリスクとともに、闇バイトによって害を被る人がいることを頭に入れてほしい。

CASE 4

だまし取られたお金は借金したもの

闇組織が手に入れたお金は、被害者がすぐに用意できたものとはかぎらない。借金をしてお金をつくった人もいれば、会社名義の口座からだまし取られた人もいる。当然、その返済は長く続く。闇バイトは、誰かに借金を肩代わりさせているようなもの。「知らなかった」ではすまされない。なぜなら、被害を受けたあとも借金で苦しんでいる人がいるのだから。

4

知らなかったでは
すまされない
闇バイト

第8話

年齢を偽って夜の世界に入り

高1のアイリが
ひとりで買い物に
出かけていると…

あのー
ちょっと
いいですか？

雑誌や映像の
モデルとかに
興味
ありませんか？

よければ
少しお話し
だけでも……

それは
モデル事務所の
スカウトだった

佐波

できたばかりの
モデル事務所
らしく

これが
ポートフォリオ
ってやつね

モデル事務所の
佐波さんは
業界のことを
いろいろと私に
教えてくれた

モデルかあ
おもしろそう！

すぐに事務所と
契約するのが
不安なら仮契約って
形にもできるよ

親がなんていうか
わからないし
学校もあるから
すぐに
モデルの活動は
できないかも
しれません

本格的な仕事は
高校卒業後でも
遅くないけど

チャンスがあれば
つかんだほうが
絶対にいいよ

じゃあとりあえず
連絡先だけ
教えてくれる？

あと事務所への
報告用に写真を
撮らせてもらうね！

こうして私は
佐波さんに
名前と住所、携帯番号、
SNSのアカウント、
学校を教えた

このプロジェクト
外部にもれると
まずいから友だちには
内緒にしてね

今後のモデルの
仕事にきっと
つながるから！

そしてある日
紹介したい人がいると
いわれて
私は待ち合わせ場所に
向かっていた

それから
毎日のように
佐波さんとアプリで
やりとりをした

今後のやりとりも
この通話アプリで
お願いね！

あ 佐波さん！

あっ来たね！じゃあ今からガールズバーに体験入店してもらうよ！

えっ私、16ですよ？

うーん

20歳ってことにしておいて！体験だしお酒を飲まなければ平気だから!!

佐波さんの話ではその店にはモデルデビューをひかえた女の子が何人も働いている

業界人がよく飲みにくるそうでそこから仕事につながることもあるらしい

店長は20代前半くらいの美人 仕事はお客さんとカウンター越しに会話をしてお酒をつくることだけらしい

お店に出るのは18〜21時でも大丈夫よ

その時間帯ならなんとでも親に言い訳できるしバレずに働ける

私は佐波さんにいわれたとおりに履歴書にはウソの生年月日と年齢を書いた

ちゃんと自分で断るのよ？

平気？

昨日お客さんに飲まされてたけど

大丈夫ですよ私、お酒に強いみたいです！

店にはさまざまな客が訪れるその中には……

セナちゃんおはよう！

…あっ！おはようございます

セナって私の名前だった……！

それでもこの仕事に不満はない

短時間だから楽だし時給は3000円

もしかしたら業界人がいるのかもしれない

でも今のところ私が接客した中でそれらしき人はいなかったと思う……

それにお酒を注文してもらえば価格の何割かが私に入る

仕事終わりが22時を過ぎることもあるけど毎回、1万円はかせげている

そのお金は好きな洋服や化粧品に使える!!

お疲っかれ！

どうぞ

おーい!!
お姉さんも
飲みなよ！

深夜3時
までです！
私はもうすぐ
失礼しますが

このお客さん
さっきから
質問ばっか……

アハハハ

ここは何時まで
やってるの？

若いのは
元気だなあ

お酒を飲まない人が
わざわざガールズバーに
来るはずないよね
ずっと私を見てるし……

あり得る！
飲んでるのは
ずっと
ソフトドリンク……

この人たち
もしかして
業界の人……!?

私は観念し
ことの経緯を
すべて話した

逮捕こそ
されなかったが
高校は停学処分になった

働いていた店にも
捜査が入り
店長が逮捕されたと
ニュースで知った

佐波に
だまされた

佐波は
モデル事務所の
社員ではなく
闇組織の一員だった

どうやら店を経由して
未成年者による
援助交際が頻繁に
行われていたらしい
店は売春をあっせんする
場所だったようだ

ノーメイク
ヘアセットも
していない
私が憧れていた
世界よりも
この子のほうが
輝いて見えた

ウィーン…

いらっしゃい
ませー！

ああ

……

スタッフ
大募集中!!
時給
1,100円
ラキャムバーガー

……

佐波は今も
逮捕されていない
組織も同じだ

闇バイトから身を守る
ターニングポイント

あやしいと感じた時点で
すぐに保護者に相談して
正しい判断をする

魅力的な誘いへの期待感から
バレなければいいと
年齢を偽ってしまった

闇バイトのきっかけは、街中にもひそんでいる。たとえば、街でのスカウトもそのひとつだ。スカウト行為は、各地方公共団体の迷惑防止条例によって禁止されている。ただし、芸能・モデル事務所のスカウトは違法ではないため、スカウトマンは周囲の視線を気にすることなく、ターゲットに接触する。そのスカウトマンの気さくな態度に安心したのが、マンガのアイリなのだ。

昨今、芸能・モデル事務所への契約でトラブルになっているのが、「契約内容とは違った仕事をさせられる」「高額な契約金やレッスン代を請求される」といったケースだ。偽オーディションで勧誘することもある。保護者に反対されるから内緒にしていたという被害者も少なくないそうだ。

闇組織の狙いと手口

闇バイトの始まりと終わり

- スカウトで
優越感をあたえる

ドキドキ

- 夢を見させて
その気にさせる

がんばる！

- 道具として利用した
のちに捨てる

助けて……

闇組織によるスカウトは、
先に進めば進むほど、
光のない世界へと続く

**最後は
こうなる**
> 違法労働など、契約とは違う内容の仕事をさせられる！
> 契約金やレッスン代、美容サービス代など、
> 金銭を要求される！

秘密にメリットを感じさせ
心と体をむしばんで捨てる

お金でつって闇バイトをさせるケースと違い、最初からお金をしぼり取るためにだまそうとする闇組織もある。契約金やレッスン代のほか、プロフィール写真の撮影費用や、高額な美容エステ代金など、金銭を要求されるトラブルが起きている。

さらに恐ろしいのは、契約内容とは違う仕事をさせられることだ。代表的なのは、キャバクラやガールズバーなどでの接客、風俗店へのあっせん、アダルトビデオへの出演などだ。この時点でだまされていることに気づいても後戻りはしにくい。個人情報を握られ、さらに脅迫によって従うしかない状況に追いこまれているからだ。後々、訴えたケースもあるが、そのころには闇組織は姿をくらましている。

闇組織の実態を暴く！

■ 多様化する勧誘方法

❶ ダイレクトメール

SNSの投稿内容を見て、ダイレクトメールでスカウトする。健全に運営している芸能・モデル事務所も使う方法のため、本物だと受け止めてしまう人もいる。有名な事務所になりすましてアプローチしてくる闇組織もある。

❷ 電子広告

WebサイトやSNSなどに、タレント・モデル、エキストラ募集などの広告をだして勧誘する。芸能界を目指す人がだまされやすい。自ら応募するので、個人情報を知られてしまう。広告は一時的にしか掲載されないことが多い。

❸ スカウト

名刺や事務所のWebサイトがないことが多い。また、なんらかの理由をつけて契約を急かすようなスカウトマンはあやしい。言葉巧みに自分のペースに誘導していく。有名な事務所の名称や雑誌名をだして勧誘するケースもある。

❹ オーディション商法

WebサイトやSNSでオーディションの広告をだし、書類審査後、実際にオーディションを行う。契約を結んだあとに、登録費、撮影費、レッスン代などを不当に請求する。合格したことへの喜びが大きいので、詐欺に気づきにくい傾向にある。

正当な芸能・モデル事務所が行っている人材の発掘と同じ手法を取ることで、不信感を抱かせないようにするのが怖いところだ。成人年齢が18歳に引き下げられたことで、判断力が未熟な18、19歳をターゲットにするケースも増えている。芸能の世界に入るきっかけを悪用した、「闇バイトのきっかけ」であることを知っておこう。

どんな犯罪？ 年齢詐称の場合

詐欺罪　10年以下の懲役

年齢詐称が詐欺罪（刑法第246条）に該当することがある。未成年者の場合、知識や考えの不足、判断能力が不十分ということも考慮されるが、審判がくだされることもある。家庭裁判所で調査または審判の結果、少年院送致などの決定がくだされることになる。

雇用側は労働基準法違反

未成年者の深夜労働は禁止されている！

労働基準法（第61条）では、原則として18歳未満の年少者を午後10時から午前5時までの時間帯に労働させることを禁止している。年少者が年齢を偽っていた場合も雇用者は罰せられる。また、風営法では18歳未満の年少者に「客の接待をさせること」自体を禁止している。

誰かをだまそうとしたわけではない……

危険を察知した時点で相談 最悪の結末を避けよう

芸能・モデル事務所のスカウトは、健全な事務所も行っていることから、偽者だと気づけないことがある。このようなケースだけでなく、何かしらの契約を結ぶ際には、書面の内容をしっかり確認することが大切だ。そのためには自分だけでなく、第三者に目を通してもらうとよい。契約内容に違和感があれば、その時点でトラブルを避けられるはずだ。健全な事務所は、トラブルが生じないように、保護者の確認を怠らないことも覚えておこう。

また、18歳未満の者を不当に労働させる店自体が危険だと認識してほしい。上記の法律を知っていれば理解できるはずだ。闇バイトは被害がエスカレートしていくもの。危険を察知した時点で、闇組織からはなれるべきだ。

！)) 闇バイトアラート発動！

アラート 1 実態のない組織の勧誘や接触は絶対に避ける

企業は商業登記法という法律で、会社の名称や所在地を公示する義務がある。ただし、住所は自宅やレンタルオフィスにすることも可能。勧誘された組織の情報を調べるときは、住所を頼りにインターネットで地図を確認するとよい。空き地などが表示されたら、それは詐欺の可能性が高い。また、SNSなどのダイレクトメールを受信不可にすると、闇組織との接触を防ぐのに有効だ。

● ネットの管理機能でセキュリティ対策

検索制限	使用制限	Webの閲覧制限
使用時間制限	望ましくないアプリのブロック	

アラート 2 契約書は時間をかけて、大人と一緒に確認する

契約書がない場合はそもそも危険だ。契約書がある場合も、短時間で内容を理解するのは難しい。その場での契約は避けて、保護者や第三者と一緒に確認してから書面を取り交わすべき。また、条件を満たしていれば、クーリング・オフ（P.119）で契約を解除できる場合もある。さらに、契約内容を誤認したり、困惑したりした状態で契約した場合、消費者契約法によってあとから取り消せることもある。

● クーリング・オフの対象になることも

> スカウトは特定商取引法の業務提供誘因販売取引に該当。その場合、契約書を受け取った日から数えて8日以内であれば、クーリング・オフができ、契約を無条件で解除できる。

アラート 3 労働基準法に触れる仕事は絶対にNG

雇用可能な最低年齢について労働基準法では、満15歳に達した日以後の最初の3月31日が終了するまでは使用してはいけないと定めている。中学生は仕事ができない（例外あり）。また、満18歳未満の年少者は、1日8時間、1週40時間の法定労働時間が適用され、午後10時から午前5時までの時間帯は、原則働かせることができない。風営法という法律では、風俗営業を営む者に対して、18歳未満の者に客の接待をさせる行為を禁止している。これらに違反している仕事は受けるべきでない。

第一志望の大学に
落ちたときは
この世の終わりかと
思ったけど

毎日予備校で
それなりに
忙しいし

何より
今は……

金がある！

今も
すげえ……

といっても
これは別に
オレのものではない

高級バッグが
雑に入ってる〜

買取依頼も家でできる

まっ　もちろんオークションで成功したほうがもうかるけど

○集荷依頼

おもり

1か月前

代理出品のバイト……!?

高収入・1日1時間〜
＼代理出品のアルバイト／

未経験者大歓迎！
完全リモート

臨時拡大募集中

何事も悩む前に行動だ！

発送も入金の確認も全部がパソコンでできるから親にはバレないし

臨時……ってことは急ぎで応募するべきか……!?

ページ中1ページ目を表示（合計：21

：良い出品者です。評価者

メント：新品をお安く買えて良かった
ありがとうございました！

こうして感謝されるのも悪くなかった

高校のメンバーで旅行の予定を立ててるんだけど

ケンもどう?

旅行かあ

団体予約でけっこう安く行けそうでさ

それはまあどうにでもなる

ピ口ッ!!

カ口ッ!!

現在高(代表口座)　全ての登録口座

728,273円

「...を押してくだ
...になる
イレク...
更新さ...

でも……
1週間も家を空けらんないわまた今度な!

安くか……!?

え〜

ガタッ

141

オレが
オークションに
かけていた商品は

誰かのカードを
不正利用して
手に入れたものだった

それだけ
じゃない

商品の一部には
強盗や窃盗で
奪われたものもあった

ここまで
判明するのに

20日も
かかった

今回は不起訴と
なりましたが

あなたの口座は
差し押さえられ

携帯電話も
しばらくこちらで
預かります

はい……

闇バイトから身を守る
ターニングポイント

常識との格差を確認する

仕事の内容や相場を調べて

報酬が高いと感じたら

確認しなかった

仕事の裏側を

おいしい話に目がくらみ

代理出品のアルバイト

未経験者大歓迎！
完全リモート

臨時拡大募集中

CHECK POINT

臨時……ってことは急ぎで応募するべきか……!?

何事も悩む前に行動だ!!!

発送も入金の確認も全部がパソコンでできるから親にはバレないし

〇ページ中1ページ目を表示（合計：21件

😊 良い出品者です。 評価者

こうし
される
悪くな

業務の代行ではなく
犯罪行為の代行かもしれない

日本では「働き方改革」が進められており、企業によっては副業を認めたり、在宅ワークを取り入れたりしている。こうした背景から、自宅でできるバイトの種類も多様化しており、「荷受代行」や「発送代行」といったものが生まれている。正当なビジネスもあるが、なかには闇バイトも紛れこんでいる。マンガのケンが手をだしてしまった「出品代行」も、詐欺の片棒をかつぐ闇バイトだった。

誰でも閲覧できる求人サイトに掲載されている安心感と、簡単に高額報酬を得られるタイムパフォーマンスのよさで手をだしてしまうのである。お試し感覚で始めたものの、闇組織の圧力によってぬけだせなくなるのは、ほかの闇バイトと同様だ。

闇組織の狙いと手口

実行犯の多くはバイト

商品を手に入れる

他人のクレジットカードで購入したり、物品を盗んだりして商品を集める。実行するのはバイトだ。偽ブランドの商品を扱うこともある。

商品を運ぶ・売る

荷受代行、発送代行、出品代行というように、闇バイトの役割が分けられている。不当に手に入れた商品を売るところまで、バイトが担当していることになる。

お金を引きだす

買い手が金融機関の口座に振りこんだ購入代金を引きだすのもバイトの役目。その口座も、口座売買の闇バイトで手に入れた可能性がある。

闇バイトでビジネスが成り立つ

黒幕

指示

指示役

指示

実行犯

「ネットワーク犯罪ビジネス」とも呼べるのが闇バイトである。不当に商品を手に入れ、流通させ、お金をかせぐ。その犯行に使われる携帯電話も金融口座も、闇バイトで手に入れたもの。闇組織はバイトを勧誘し、指示をだすだけで、何も実行はしていない。

自分たちの手を汚すことなく、実行犯が逮捕されれば捨て、自分たちは利益のみを持ち逃げする。こうしたネットワークが構築されているがゆえに、闇バイトをする者の中には、自分が犯罪に加担していることに気づかないケースもある。

警察や社会も気づきにくいといえる。商品やお金を巧みに移動させ、足がつかないよう対策が講じられているからだ。どこにいるかわからない闇組織だが、常に私たちに近づこうとしている。

実行犯はすべてアルバイト　闇組織は利益だけを得て雲隠れ

闇組織の実態を暴く!

■ 荷受代行にも注意! 巧妙な犯行手口

❶ 代行業務の登録

事業者

❷ 出品物が届く

❸ 出品代行

商品はほかの
闇バイトによって
不当に手に入れたもの

購入者

❹ 出品代行による
入金額を送る

❺ 報酬はない

システム化された犯行

闇組織は購入代行の闇バイトで不当に商品を手に入れる。それを別の人間に出品させる（出品代行）。購入した人が振りこむ口座も、闇バイトで手に入れたものだ。犯行に使う携帯電話も同様。闇バイトをする人の個人情報を使って入手した携帯電話を本人に送り、その事実を知らないまま闇組織に届けるという手口にはめられた人もいる。

どんな犯罪？ 出品代行の場合

電磁的記録不正作出及び供用

5年以下の懲役または50万円以下の罰金

刑法第161条の2に定められた法律で、たとえば他人のキャッシュカードやクレジットカードなどの電磁的記録を不正に使用すること。人の事務処理を誤らせる目的がある場合に該当する。なお、未遂の場合も処罰される。

窃盗罪

5年以下の懲役または50万円以下の罰金

電磁的記録不正作出及び供用によって得たお金を引きだすと窃盗罪（刑法第235条）になる。出品代行は電磁的記録不正作出及び供用と窃盗罪の両方が成立。それぞれの犯罪が目的・手段または原因・結果の関係にあり、実質として一連の行為とみなされる。

被害者から損害賠償を請求されることも！

複数の犯罪になるの……!?

不法行為によって損害をあたえた場合、被害者に対してその損害を補償しなければならない。

気づかずに犯行を代行しているのが闇バイト。「知らなかった」ではすまされない。

この落とし穴にはまらないためにも、知識を持つことが求められる。闇バイトの事件はニュースや新聞でたびたび取りあげられている。闇組織は変幻自在に手法をかえるが、共通する部分も多い。

これまでの闇バイトも同様で、トラブルを回避するターニングポイントはいくつもある。①得体の知れない人とは接触しない。②個人情報を伝えない。③秘匿性の高いコミュニケーションアプリを使わない。④犯罪とわかった時点でやりとりをやめ、大人に相談する。

被害者をださず、自身も被害を受けないためには、①のポイントを強く意識することだ。

誰にも接触しない闇バイト　違法行為である認識を持ちたい

!))) 闇バイトアラート発動！

アラート ① 高額バイトは必ず慎重な姿勢を持つ

商品やサービスに相場があるように、仕事の報酬にも相場がある。それを大きく上まわる報酬の場合、必ず理由がある。募集されている仕事の内容と、同様の仕事を調べてみると、違和感に気づくはずだ。高額な報酬の理由がわかれば、危険を感じ、闇バイトの可能性を見いだせる。募集内容の文言だけにとらわれないようにしよう。

● 注意すべき文言

代理販売	代理購入
1日1〜2時間	高収入
即日支払い	簡単

アラート ② 記録に残らないやりとりは完全にアウト

ほとんどのビジネスは、円滑に事業を進めるために仕事のやりとりを記録し、管理している。第三者が記録を確認できれば、トラブルの回避や、トラブル時の対処が容易になるからだ。もし、記録を残さないという仕組みをとっていたら、"隠したいことがある"ととらえよう。機密事項を持つ仕事だとしたら、携わる者を慎重になって選ぶはずだ。

● 注意するべきやりとり

第三者への情報流出を禁止している

秘匿性の高い
コミュニケーションアプリを利用

契約書のない依頼

アラート ③ 時間が経って多額を請求されるケースがある

犯罪に関与して加害者になると同時に、自身が被害者になることもある。たとえば、代理購入した商品代金や、代理契約した携帯電話の通話料を請求されるなどだ。また、バイトでかかった経費が後払いされない、報酬を支払われないというケースも少なくない。被害者から損害賠償を起こされることもある。

● 事後に請求される例

代理購入した商品の代金

代理契約した携帯電話の料金

被害者からの損害賠償

そのバイト
大丈夫？　**危険察知チャート**

違法性に気づいていたり、
疑わしく感じたりした場合、
交流自体を控えよう！

バイトの紹介者

**はじめて
接触する人**

NO

何度も
会ったことが
ある

YES

連絡先や
住まいを
知っている

SNSで
つながった人

友人
・
知人

SNSでつながった人の
場合は、とくに
慎重に判断しよう！

保護者や
ほかの友だちも
知っている

健全な
交友関係に
ある

保護者や
ほかの友だちも
知っている人

違法性がないかどうかの判断はもちろんだが、アルバイトを紹介する人の身元はたしかか、情報に信憑性（しんぴょうせい）や、正当性があるかどうかを確認できない場合は、手をだすべきではない。

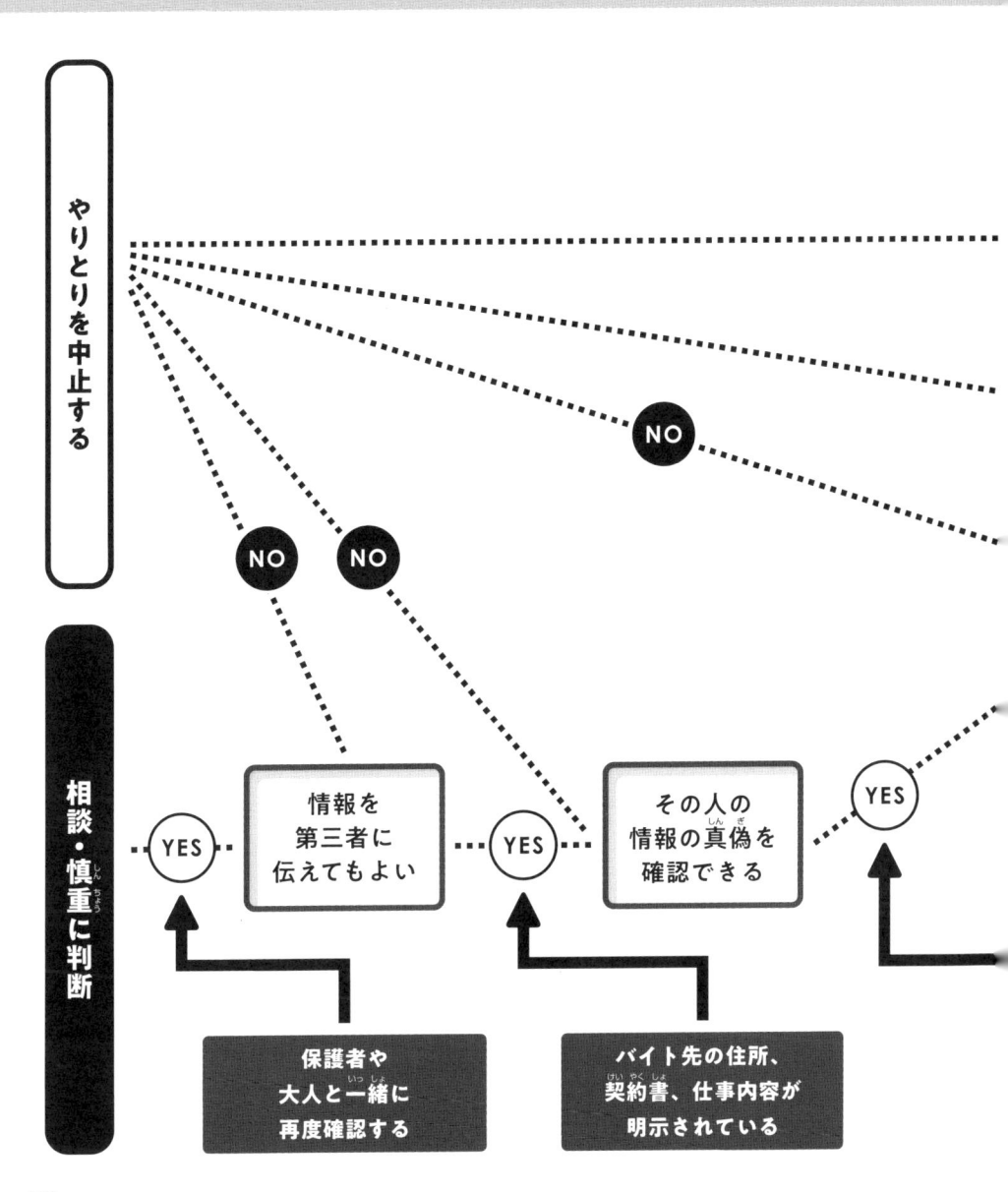

やりとりを中止する

相談・慎重（しんちょう）に判断

NO

NO

NO

YES 情報を第三者に伝えてもよい

YES その人の情報の真偽（しんぎ）を確認できる

YES

保護者や大人と一緒（いっしょ）に再度確認する

バイト先の住所、契約書（けいやくしょ）、仕事内容が明示されている

その人の素性を確認しよう。 ✅

☑ 紹介者は反社会的勢力や犯行グループに関わりがない。

☑ 紹介者のことを保護者や友だちなど複数の人が知っている。

☑ 紹介者の本名、連絡先、住所が明らかになっている。

☑ 紹介者に脅迫されたり、強要されたりすることはない。

☑ 紹介者はいいことだけでなく、悪いこともきちんと説明してくれる。

☑ 紹介者は、保護者など自分の関係者が同席する場所でも説明を
してくれる。

☑ 紹介者は、アルバイト先の責任者のことをよく知っており、
違法性のないビジネスをしていることを証明できる。

☑ 紹介者が誰かから脅迫や強要をされている様子はない。

☑ 紹介者は自分が断ったり、ためらったりしても、態度が変わらない。
断っているのに無理にすすめてこない。

☑ 紹介者は、契約書や労働条件通知書を準備している。

すべてにチェックが入らない場合は、慎重に対応するべき！

✓ SNSのみでつながっている人や、面識のない人との
やりとりで、以下の内容を守れているか、チェックしてみよう。

☑ 自分ひとりで会う約束をしていない。

☑ 電子メールなど、送受信を宛先(メールの場合「TO」)以外の人と
共有できる(メールの場合「CC」や「BCC」)ツールで連絡を取り合っている。

☑ 非公開のチャットやメッセージ交換をしていない。
している場合は、保護者がそれを知っている。

☑ 相手に個人情報を伝えていない。

☑ 相手に家族や友人の情報を伝えていない。

☑ 相手にお金に困っていることや高額報酬のあるアルバイトを
探していることを伝えていない。

☑ 深夜や学校に登校している時間帯に、連絡を取り合わなくても
問題にならない。

☑ 不適切な連絡があった場合、すぐにブロックすることや、
関係を断つことができる。

☑ やりとりしている人の経歴を知っている。

☑ 複数のアカウントでやりとりしていない。している場合は、
管理できている。

すべてにチェックが入らない場合は、慎重に対応するべき！

困ったときの相談機関

犯罪行為に巻きこまれそうになった場合、闇バイトの勧誘があった場合など、
保護者や学校の先生に相談しにくい場合は、全国にある相談機関を利用しよう。

警察相談ダイヤル

☎ #9110

都道府県警察の少年相談窓口

https://www.npa.go.jp/bureau/safetylife/syonen/soudan.html

こどもの人権110番（法務省の人権相談）

https://www.moj.go.jp/JINKEN/jinken112.html

☎ 0120-007-110

24時間子供SOSダイヤル（文部科学省）

https://www.mext.go.jp/a_menu/shotou/seitoshidou/06112210.htm

☎ 0120-0-78310

※相談機関の中には、メールやSNSで相談を受けつけているところもあります。
Webサイトなどでご確認ください。

保護者の方へ

お子さまが犯罪に巻きこまれている場合や、巻きこまれそうになっている場合、
危険がともなうこともありますので、必ず専門機関に相談し、判断をあおいでください。

消費生活センター 消費者ホットライン

☎ **188**

- -

国民生活センター 平日バックアップ相談

☎ **03-3446-1623**

- -

全国銀行協会相談室・あっせん委員会

☎ **0570-017109**

- -

銀行とりひき相談所

https://www.zenginkyo.or.jp/abstract/clinic/addresses/

- -

日本弁護士連合会

https://www.nichibenren.or.jp/

☎ **0570-001-240**

おわりに

監修　廣末　登

わたしは、法務省更生保護就労支援事業所長や保護司に加えて、ノンフィクション作家の立場で、複数の闇バイト経験者と面談してきました。その人たちに「捕まると思わなかったのか」と問うと、「捕まる可能性は五分五分と思ったが、途中でやめられなかった」というような回答が多く、一度始めたらやめられない闇バイトの怖さを痛感しています。

現代社会では、犯罪誘発の機会が無数に存在します。「お金がほしい」→「掲示板や投稿サイトを検索」→「闇バイト募集広告を見る」→「応募する」→「犯行」という偶然の機会選択から、誰もが気づいたら重大犯罪の加害者になってしまう可能性があります。これも闇バイトの怖さです。

若者の犯罪対策は、待ったなしです。無知、無関心は犯罪を増幅させ、闇組織の温床になります。逮捕されて「知りませんでした」という言い訳は通用しません。昨今、初犯者でも犯罪抑止の観点から実刑はまぬがれず、多くの場合、刑事施設に収容されています。18歳以上は刑事事件として裁かれます。そして、

犯罪歴がつくことで、社会の対応が変わります。だからわたしは、闇バイトの行きつく先は「社会的廃人」と警告しているのです。可能性に満ちた人生が台なしになる、そのことに気づいてほしいのです。

不登校で不良だったわたしは、中学を卒業後、17歳でブランドショップのアルバイトに採用され、19歳のときにデザイナーとして就職しました。同輩や先輩から「中卒は天然記念物」とばかにされたことを契機に、23歳で一念発起し、通信制高校、大学、大学院で学びなおしました。チャレンジを重ねることにより、不良の道から外れ、更生することができたと思います。この過程で気づいたことがあります。「人間は裏切ることがあるけれども、学問は人間を裏切らない」「手に職をつけたとしたら、誰もそれを奪うことはできない」ということです。だからわたしは、犯罪に手を染めてしまった若者に対して、手に職をつけたり、学力をつけたりするために、数年間だけでも一生懸命に何かに打ちこんでほしいと伝えています。

人間に不可能はありません。夢を大きく持ち、目標を見いだしてください。目標を定めたら、そこに至る道を自分で調べ、チャレンジしてください。たくさん失敗し、挫折を味わってください。若いときの失敗や挫折は、後年、必ず人生の糧となります。「あなただけのスキル」を身につければ、闇バイトなどせずとも、お金は十分に得られるはずです。

監修 **廣末 登**(ひろすえ・のぼる)

1970年、福岡市生まれ。社会学者、博士(学術)。龍谷大学矯正・保護総合センター嘱託研究員、法務省・保護司。2008年、北九州市立大学大学院・社会システム研究科博士後期課程修了。国会議員政策担当秘書、熊本大学特任助教、法務省福岡県更生保護就労支援事業所長を経て現職。著書に『ヤクザになる理由』『だからヤクザを辞められない』(ともに新潮社)、『ヤクザと介護』『テキヤの掟』(ともにKADOKAWA)、『闇バイト』(祥伝社)などがある。

監修 **芳賀 恒人**(はが・つねひと)／**株式会社エス・ビー・ネットワーク**

東京大学経済学部卒業。大手損害保険会社で、上場企業や官公庁向けコンサルティングなどを経て、エス・ビー・ネットワーク入社(取締役副社長、首席研究員)。企業のリスク抽出・リスク分析ならびにビジネスコンプライアンスを中心とする内部統制構築を専門分野とするリスクアナリストとして、数多くの企業危機管理に関する事例を手がけるほか、反社会的勢力排除の分野を中心に数多くの実績を有する。

編 集	セトオドーピス
マンガ	まりむぅ(1話、2話、4話、6話、8話)
	カロ村(3話、5話、7話、9話)
イラスト	achaca
デザイン・DTP	中村 理恵

ハンディ版
あの時こうしなければ……

本当に危ない闇バイトの話

初版発行 2024年12月 第3刷発行 2025年4月

監 修	廣末 登 芳賀 恒人
発行所	株式会社 金の星社
	〒111-0056 東京都台東区小島 1-4-3
	電話 03-3861-1861(代表)
	FAX 03-3861-1507
	振替 00100-0-64678
	ホームページ https://www.kinnohoshi.co.jp
印刷・製本	中央精版印刷 株式会社

160p. 19.0cm NDC379 ISBN978-4-323-07587-7